TRANZLATY

La Langue est pour tout le Monde

A linguagem é para todos

L'appel de la forêt

O Chamado da Floresta

Jack London

Français / Português do Brasil

Copyright © 2025 Tranzlaty
All rights reserved
Published by Tranzlaty
ISBN: 978-1-80572-853-5
Original text by Jack London
The Call of the Wild
First published in 1903
www.tranzlaty.com

Dans le primitif
No Primitivo

Buck ne lisait pas les journaux
Buck não leu os jornais.
S'il avait lu les journaux, il aurait su que des problèmes se préparaient.
Se ele tivesse lido os jornais, saberia que problemas estavam surgindo.
Il y avait des problèmes non seulement pour lui-même, mais pour tous les chiens de la marée.
Não houve problemas apenas para ele, mas para todos os cães da maré.
Tout chien musclé et aux poils longs et chauds allait avoir des ennuis.
Qualquer cão forte, musculoso e com pelo longo e quente estaria em apuros.
De Puget Bay à San Diego, aucun chien ne pouvait échapper à ce qui allait arriver.
De Puget Bay a San Diego, nenhum cachorro conseguiu escapar do que estava por vir.
Des hommes, tâtonnant dans l'obscurité de l'Arctique, avaient trouvé un métal jaune.
Homens, tateando na escuridão do Ártico, encontraram um metal amarelo.
Les compagnies de navigation et de transport étaient à la recherche de cette découverte.
Empresas de navegação a vapor e de transporte estavam em busca da descoberta.
Des milliers d'hommes se précipitaient vers le Nord.
Milhares de homens estavam correndo para Northland.
Ces hommes voulaient des chiens, et les chiens qu'ils voulaient étaient des chiens lourds.
Esses homens queriam cães, e os cães que eles queriam eram cães pesados.
Chiens dotés de muscles puissants pour travailler.
Cães com músculos fortes para trabalhar.

Chiens avec des manteaux de fourrure pour les protéger du gel.
Cães com pelagem peluda para protegê-los do frio.

Buck vivait dans une grande maison dans la vallée ensoleillée de Santa Clara.
Buck morava em uma casa grande no ensolarado Vale de Santa Clara.
La maison du juge Miller s'appelait ainsi.
O lugar do Juiz Miller era chamado de sua casa.
Sa maison se trouvait en retrait de la route, à moitié cachée parmi les arbres.
Sua casa ficava afastada da estrada, meio escondida entre as árvores.
On pouvait apercevoir la large véranda qui courait autour de la maison.
Era possível avistar a ampla varanda que circundava a casa.
On accédait à la maison par des allées gravillonnées.
O acesso à casa era feito por calçadas de cascalho.
Les sentiers serpentaient à travers de vastes pelouses.
Os caminhos serpenteavam por gramados amplos.
Au-dessus de nos têtes se trouvaient les branches entrelacées de grands peupliers.
Acima, havia galhos entrelaçados de altos choupos.
À l'arrière de la maison, les choses étaient encore plus spacieuses.
Na parte de trás da casa as coisas eram ainda mais espaçosas.
Il y avait de grandes écuries, où une douzaine de palefreniers discutaient
Havia grandes estábulos, onde uma dúzia de cavalariços conversavam
Il y avait des rangées de maisons de serviteurs recouvertes de vigne
Havia fileiras de casas de empregados cobertas de videiras
Et il y avait une gamme infinie et ordonnée de toilettes extérieures
E havia uma infinidade e uma série ordenada de latrinas

Longues tonnelles de vigne, pâturages verts, vergers et parcelles de baies.
Grandes parreirais, pastos verdes, pomares e plantações de frutas vermelhas.
Ensuite, il y avait l'usine de pompage du puits artésien.
Depois havia a estação de bombeamento do poço artesiano.
Et il y avait le grand réservoir en ciment rempli d'eau.
E lá estava o grande tanque de cimento cheio de água.
C'est ici que les garçons du juge Miller ont fait leur plongeon matinal.
Aqui os meninos do Juiz Miller deram seu mergulho matinal.
Et ils se sont rafraîchis là-bas aussi dans l'après-midi chaud.
E eles também se refrescaram lá na tarde quente.
Et sur ce grand domaine, Buck était celui qui régnait sur tout.
E sobre esse grande domínio, Buck era quem governava tudo.
Buck est né sur cette terre et y a vécu toutes ses quatre années.
Buck nasceu nesta terra e viveu aqui todos os seus quatro anos.
Il y avait bien d'autres chiens, mais ils n'avaient pas vraiment d'importance.
De fato, havia outros cães, mas eles não importavam de verdade.
D'autres chiens étaient attendus dans un endroit aussi vaste que celui-ci.
Outros cães eram esperados em um lugar tão vasto quanto este.
Ces chiens allaient et venaient, ou vivaient à l'intérieur des chenils très fréquentés.
Esses cães iam e vinham, ou viviam dentro dos canis movimentados.
Certains chiens vivaient cachés dans la maison, comme Toots et Ysabel.
Alguns cães viviam escondidos na casa, como Toots e Ysabel.
Toots était un carlin japonais, Ysabel un chien nu mexicain.

Toots era um pug japonês, Ysabel uma cadela mexicana sem pelos.
Ces étranges créatures sortaient rarement de la maison.
Essas criaturas estranhas raramente saíam de casa.
Ils n'ont pas touché le sol, ni respiré l'air libre à l'extérieur.
Eles não tocaram o chão, nem cheiraram o ar livre lá fora.
Il y avait aussi les fox-terriers, au moins une vingtaine.
Havia também os fox terriers, pelo menos vinte.
Ces terriers aboyaient férocement sur Toots et Ysabel à l'intérieur.
Esses terriers latiam ferozmente para Toots e Ysabel dentro de casa.
Toots et Ysabel sont restés derrière les fenêtres, à l'abri du danger.
Toots e Ysabel ficaram atrás das janelas, a salvo de perigos.
Ils étaient gardés par des domestiques munies de balais et de serpillères.
Eles eram vigiados por empregadas domésticas com vassouras e esfregões.
Mais Buck n'était pas un chien de maison, et il n'était pas non plus un chien de chenil.
Mas Buck não era um cão de estimação, nem de canil.
L'ensemble de la propriété appartenait à Buck comme son royaume légitime.
Toda a propriedade pertencia a Buck como seu reino de direito.
Buck nageait dans le réservoir ou partait à la chasse avec les fils du juge.
Buck nadava no tanque ou ia caçar com os filhos do juiz.
Il marchait avec Mollie et Alice tôt ou tard le soir.
Ele caminhava com Mollie e Alice de madrugada ou de madrugada.
Lors des nuits froides, il s'allongeait devant le feu de la bibliothèque avec le juge.
Nas noites frias, ele se deitava diante da lareira da biblioteca com o Juiz.
Buck a promené les petits-fils du juge sur son dos robuste.

Buck deu carona aos netos do Juiz em seu dorso forte.
Il roula dans l'herbe avec les garçons, les surveillant de près.
Ele rolava na grama com os meninos, protegendo-os de perto.
Ils s'aventurèrent jusqu'à la fontaine et même au-delà des champs de baies.
Eles se aventuraram até a fonte e até passaram pelos campos de frutas vermelhas.
Parmi les fox terriers, Buck marchait toujours avec une fierté royale.
Entre os fox terriers, Buck sempre andava com orgulho real.
Il ignora Toots et Ysabel, les traitant comme s'ils étaient de l'air.
Ele ignorou Toots e Ysabel, tratando-os como se fossem ar.
Buck régnait sur toutes les créatures vivantes sur les terres du juge Miller.
Buck governava todas as criaturas vivas nas terras do Juiz Miller.
Il régnait sur les animaux, les insectes, les oiseaux et même les humains.
Ele governou sobre animais, insetos, pássaros e até humanos.
Le père de Buck, Elmo, était un énorme et fidèle Saint-Bernard.
O pai de Buck, Elmo, era um enorme e leal São Bernardo.
Elmo n'a jamais quitté le juge et l'a servi fidèlement.
Elmo nunca saiu do lado do Juiz e o serviu fielmente.
Buck semblait prêt à suivre le noble exemple de son père.
Buck parecia pronto para seguir o nobre exemplo de seu pai.
Buck n'était pas aussi gros, pesant cent quarante livres.
Buck não era tão grande, pesando 64 quilos.
Sa mère, Shep, était un excellent chien de berger écossais.
Sua mãe, Shep, foi uma excelente cadela pastora escocesa.
Mais même avec ce poids, Buck marchait avec une présence royale.
Mas mesmo com aquele peso, Buck caminhava com presença majestosa.
Cela venait de la bonne nourriture et du respect qu'il recevait toujours.

Isso veio da boa comida e do respeito que ele sempre recebeu.
Pendant quatre ans, Buck a vécu comme un noble gâté.
Durante quatro anos, Buck viveu como um nobre mimado.
Il était fier de lui, et même légèrement égoïste.
Ele tinha orgulho de si mesmo e era até um pouco egoísta.
Ce genre de fierté était courant chez les seigneurs des régions reculées.
Esse tipo de orgulho era comum entre os senhores de terras remotas.
Mais Buck s'est sauvé de devenir un chien de maison choyé.
Mas Buck se salvou de se tornar um cão doméstico mimado.
Il est resté mince et fort grâce à la chasse et à l'exercice.
Ele permaneceu magro e forte durante a caça e os exercícios.
Il aimait profondément l'eau, comme les gens qui se baignent dans les lacs froids.
Ele amava profundamente a água, como as pessoas que se banham em lagos frios.
Cet amour pour l'eau a gardé Buck fort et en très bonne santé.
Esse amor pela água manteve Buck forte e muito saudável.
C'était le chien que Buck était devenu à l'automne 1897.
Esse era o cachorro que Buck se tornou no outono de 1897.
Lorsque la découverte du Klondike a attiré des hommes vers le Nord gelé.
Quando o ataque do Klondike levou os homens para o Norte congelado.
Des gens du monde entier se sont précipités vers ce pays froid.
Pessoas correram de todas as partes do mundo para a terra fria.
Buck, cependant, ne lisait pas les journaux et ne comprenait pas les nouvelles.
Buck, no entanto, não lia jornais nem entendia notícias.
Il ne savait pas que Manuel était un homme désagréable à fréquenter.
Ele não sabia que Manuel era uma má companhia.
Manuel, qui aidait au jardin, avait un problème grave.

Manuel, que ajudava no jardim, tinha um problema profundo.
Manuel était accro aux jeux de loterie chinois.
Manuel era viciado em jogos de azar na loteria chinesa.
Il croyait également fermement en un système fixe pour gagner.
Ele também acreditava fortemente em um sistema fixo para vencer.
Cette croyance rendait son échec certain et inévitable.
Essa crença tornou seu fracasso certo e inevitável.
Jouer un système exige de l'argent, ce qui manquait à Manuel.
Jogar num sistema exige dinheiro, coisa que faltava a Manuel.
Son salaire suffisait à peine à subvenir aux besoins de sa femme et de ses nombreux enfants.
Seu salário mal dava para sustentar sua esposa e seus muitos filhos.
La nuit où Manuel a trahi Buck, les choses étaient normales.
Na noite em que Manuel traiu Buck, as coisas estavam normais.
Le juge était présent à une réunion de l'Association des producteurs de raisins secs.
O juiz estava em uma reunião da Associação de Produtores de Uvas Passas.
Les fils du juge étaient alors occupés à former un club d'athlétisme.
Os filhos do juiz estavam ocupados formando um clube esportivo naquela época.
Personne n'a vu Manuel et Buck sortir par le verger.
Ninguém viu Manuel e Buck saindo pelo pomar.
Buck pensait que cette promenade n'était qu'une simple promenade nocturne.
Buck pensou que essa caminhada era apenas um simples passeio noturno.
Ils n'ont rencontré qu'un seul homme à la station du drapeau, à College Park.
Eles encontraram apenas um homem na estação da bandeira, em College Park.

Cet homme a parlé à Manuel et ils ont échangé de l'argent.
Aquele homem falou com Manuel e eles trocaram dinheiro.
« Emballez les marchandises avant de les livrer », a-t-il suggéré.
"Embrulhe as mercadorias antes de entregá-las", ele sugeriu.
La voix de l'homme était rauque et impatiente lorsqu'il parlait.
A voz do homem era áspera e impaciente enquanto ele falava.
Manuel a soigneusement attaché une corde épaisse autour du cou de Buck.
Manuel amarrou cuidadosamente uma corda grossa em volta do pescoço de Buck.
« Tournez la corde et vous l'étoufferez abondamment »
"Torça a corda e você vai sufocá-lo bastante"
L'étranger émit un grognement, montrant qu'il comprenait bien.
O estranho deu um grunhido, mostrando que entendia bem.
Buck a accepté la corde avec calme et dignité tranquille ce jour-là.
Buck aceitou a corda com calma e dignidade naquele dia.
C'était un acte inhabituel, mais Buck faisait confiance aux hommes qu'il connaissait.
Era um ato incomum, mas Buck confiava nos homens que conhecia.
Il croyait que leur sagesse allait bien au-delà de sa propre pensée.
Ele acreditava que a sabedoria deles ia muito além do seu próprio pensamento.
Mais ensuite la corde fut remise entre les mains de l'étranger.
Mas então a corda foi entregue nas mãos do estranho.
Buck émit un grognement sourd qui avertissait avec une menace silencieuse.
Buck deu um rosnado baixo que o alertava com uma ameaça silenciosa.
Il était fier et autoritaire, et voulait montrer son mécontentement.

Ele era orgulhoso e autoritário, e queria mostrar seu descontentamento.

Buck pensait que son avertissement serait compris comme un ordre.
Buck acreditava que seu aviso seria entendido como uma ordem.

À sa grande surprise, la corde se resserra rapidement autour de son cou épais.
Para sua surpresa, a corda apertou rapidamente em volta de seu pescoço grosso.

Son air fut coupé et il commença à se battre dans une rage soudaine.
Seu ar foi cortado e ele começou a lutar com uma fúria repentina.

Il s'est jeté sur l'homme, qui a rapidement rencontré Buck en plein vol.
Ele saltou sobre o homem, que rapidamente encontrou Buck no ar.

L'homme attrapa Buck par la gorge et le fit habilement tourner dans les airs.
O homem agarrou a garganta de Buck e habilmente o girou no ar.

Buck a été violemment projeté au sol, atterrissant à plat sur le dos.
Buck foi jogado com força no chão, caindo de costas.

La corde l'étranglait alors cruellement tandis qu'il donnait des coups de pied sauvages.
A corda agora o sufocava cruelmente enquanto ele chutava descontroladamente.

Sa langue tomba, sa poitrine se souleva, mais il ne reprit pas son souffle.
Sua língua caiu, seu peito arfou, mas não conseguiu respirar.

Il n'avait jamais été traité avec une telle violence de sa vie.
Ele nunca havia sido tratado com tanta violência em sua vida.

Il n'avait jamais été rempli d'une fureur aussi profonde auparavant.

Ele também nunca havia sentido uma fúria tão profunda antes.
Mais le pouvoir de Buck s'est estompé et ses yeux sont devenus vitreux.
Mas o poder de Buck desapareceu, e seus olhos ficaram vidrados.
Il s'est évanoui juste au moment où un train s'arrêtait à proximité.
Ele desmaiou no momento em que um trem parou ali perto.
Les deux hommes le jetèrent alors rapidement dans le fourgon à bagages.
Então os dois homens o jogaram rapidamente no vagão de bagagem.
La chose suivante que Buck ressentit fut une douleur dans sa langue enflée.
A próxima coisa que Buck sentiu foi dor na língua inchada.
Il se déplaçait dans un chariot tremblant, à peine conscient.
Ele se movia em uma carroça balançando, apenas vagamente consciente.
Le cri aigu d'un sifflet de train indiqua à Buck où il se trouvait.
O grito agudo de um apito de trem indicou a Buck sua localização.
Il avait souvent roulé avec le juge et connaissait ce sentiment.
Ele costumava cavalgar com o Juiz e conhecia a sensação.
C'était le choc unique de voyager à nouveau dans un fourgon à bagages.
Foi a experiência única de viajar novamente em um vagão de bagagem.
Buck ouvrit les yeux et son regard brûla de rage.
Buck abriu os olhos e seu olhar queimava de raiva.
C'était la colère d'un roi fier déchu de son trône.
Essa foi a ira de um rei orgulhoso que foi tirado do seu trono.
Un homme a tenté de l'attraper, mais Buck a frappé en premier.
Um homem tentou agarrá-lo, mas Buck atacou primeiro.

Il enfonça ses dents dans la main de l'homme et la serra fermement.
Ele cravou os dentes na mão do homem e segurou firme.
Il ne l'a pas lâché jusqu'à ce qu'il s'évanouisse une deuxième fois.
Ele não a soltou até desmaiar pela segunda vez.
« Ouais, il a des crises », murmura l'homme au bagagiste.
"É, tem ataques", murmurou o homem para o carregador de bagagem.
Le bagagiste avait entendu la lutte et s'était approché.
O carregador de bagagem ouviu a luta e se aproximou.
« Je l'emmène à Frisco pour le patron », a expliqué l'homme.
"Vou levá-lo para 'Frisco para o chefe", explicou o homem.
« Il y a un excellent vétérinaire qui dit pouvoir les guérir. »
"Há um ótimo médico de cães lá que diz que pode curá-los."
Plus tard dans la soirée, l'homme a donné son propre récit complet.
Mais tarde naquela noite, o homem deu seu próprio relato completo.
Il parlait depuis un hangar derrière un saloon sur les quais.
Ele falou de um galpão atrás de um salão nas docas.
« Tout ce qu'on m'a donné, c'était cinquante dollars », se plaignit-il au vendeur du saloon.
"Tudo o que me deram foram cinquenta dólares", ele reclamou com o homem do bar.
« Je ne le referais pas, même pour mille dollars en espèces. »
"Eu não faria isso de novo, nem por mil em dinheiro."
Sa main droite était étroitement enveloppée dans un tissu ensanglanté.
Sua mão direita estava firmemente enrolada em um pano ensanguentado.
Son pantalon était déchiré du genou au pied.
A perna da calça dele estava rasgada do joelho ao pé.
« Combien a été payé l'autre idiot ? » demanda le vendeur du saloon.
"Quanto o outro sujeito recebeu?" perguntou o homem do bar.

« Cent », répondit l'homme, « il n'accepterait pas un centime de moins. »
"Cem", respondeu o homem, "ele não aceitaria um centavo a menos".
« Cela fait cent cinquante », dit le vendeur du saloon.
"Isso dá cento e cinquenta", disse o homem do bar.
« Et il vaut tout ça, sinon je ne suis pas meilleur qu'un imbécile. »
"E ele vale tudo isso, ou eu não sou melhor que um idiota."
L'homme ouvrit les emballages pour examiner sa main.
O homem abriu os embrulhos para examinar sua mão.
La main était gravement déchirée et couverte de sang séché.
A mão estava muito rasgada e coberta de sangue seco.
« Si je n'ai pas l' hydrophobie… » commença-t-il à dire.
"Se eu não tiver hidrofobia…" ele começou a dizer.
« Ce sera parce que tu es né pour être pendu », dit-il en riant.
"Será porque você nasceu para ser enforcado", riu alguém.
« Viens m'aider avant de partir », lui a-t-on demandé.
"Venha me ajudar antes de ir", ele foi solicitado.
Buck était dans un état second à cause de la douleur dans sa langue et sa gorge.
Buck estava atordoado por causa da dor na língua e na garganta.
Il était à moitié étranglé et pouvait à peine se tenir debout.
Ele estava meio estrangulado e mal conseguia ficar de pé.
Pourtant, Buck essayait de faire face aux hommes qui l'avaient blessé ainsi.
Mesmo assim, Buck tentou encarar os homens que o machucaram tanto.
Mais ils le jetèrent à terre et l'étranglèrent une fois de plus.
Mas eles o jogaram no chão e o sufocaram novamente.
Ce n'est qu'à ce moment-là qu'ils ont pu scier son lourd collier de laiton.
Só então eles conseguiram serrar sua pesada coleira de latão.
Ils ont retiré la corde et l'ont poussé dans une caisse.
Eles removeram a corda e o empurraram para dentro de uma caixa.

La caisse était petite et avait la forme d'une cage en fer brut.
A caixa era pequena e tinha o formato de uma gaiola de ferro rústica.
Buck resta allongé là toute la nuit, rempli de colère et d'orgueil blessé.
Buck ficou ali a noite toda, cheio de ira e orgulho ferido.
Il ne pouvait pas commencer à comprendre ce qui lui arrivait.
Ele não conseguia nem começar a entender o que estava acontecendo com ele.
Pourquoi ces hommes étranges le gardaient-ils dans cette petite caisse ?
Por que esses homens estranhos o mantinham nessa pequena caixa?
Que voulaient-ils de lui et pourquoi cette cruelle captivité ?
O que queriam com ele e por que esse cativeiro cruel?
Il ressentait une pression sombre, un sentiment de catastrophe qui se rapprochait.
Ele sentiu uma pressão sombria; uma sensação de desastre se aproximando.
C'était une peur vague, mais elle pesait lourdement sur son esprit.
Era um medo vago, mas que se instalou fortemente em seu espírito.
Il a sursauté à plusieurs reprises lorsque la porte du hangar a claqué.
Várias vezes ele pulou quando a porta do galpão fez barulho.
Il s'attendait à ce que le juge ou les garçons apparaissent et le sauvent.
Ele esperava que o Juiz ou os meninos aparecessem e o resgatassem.
Mais à chaque fois, seul le gros visage du tenancier de bar apparaissait à l'intérieur.
Mas apenas o rosto gordo do dono do bar aparecia lá dentro todas as vezes.
Le visage de l'homme était éclairé par la faible lueur d'une bougie de suif.

O rosto do homem estava iluminado pelo brilho fraco de uma vela de sebo.

À chaque fois, l'aboiement joyeux de Buck se transformait en un grognement bas et colérique.

A cada vez, o latido alegre de Buck se transformava em um rosnado baixo e raivoso.

Le tenancier du saloon l'a laissé seul pour la nuit dans la caisse

O dono do bar o deixou sozinho durante a noite na caixa

Mais quand il se réveilla le matin, d'autres hommes arrivèrent.

Mas quando ele acordou de manhã, mais homens estavam chegando.

Quatre hommes sont venus et ont ramassé la caisse avec précaution, sans un mot.

Quatro homens vieram e pegaram cuidadosamente a caixa sem dizer uma palavra.

Buck comprit immédiatement dans quelle situation il se trouvait.

Buck soube imediatamente da situação em que se encontrava.

Ils étaient d'autres bourreaux qu'il devait combattre et craindre.

Eles eram outros algozes que ele tinha que lutar e temer.

Ces hommes avaient l'air méchants, en haillons et très mal soignés.

Esses homens pareciam perversos, esfarrapados e muito maltratados.

Buck grogna et se jeta férocement sur eux à travers les barreaux.

Buck rosnou e investiu ferozmente contra eles através das grades.

Ils se sont contentés de rire et de le frapper avec de longs bâtons en bois.

Eles apenas riram e o cutucaram com longos pedaços de madeira.

Buck a mordu les bâtons, puis s'est rendu compte que c'était ce qu'ils aimaient.
Buck mordeu os gravetos e então percebeu que era disso que eles gostavam.
Il s'allongea donc tranquillement, maussade et brûlant d'une rage silencieuse.
Então ele se deitou em silêncio, taciturno e ardendo de raiva silenciosa.
Ils ont soulevé la caisse dans un chariot et sont partis avec lui.
Eles colocaram a caixa em uma carroça e foram embora com ele.
La caisse, avec Buck enfermé à l'intérieur, changeait souvent de mains.
A caixa, com Buck trancado dentro, trocava de mãos com frequência.
Les employés du bureau express ont pris les choses en main et l'ont traité brièvement.
Os funcionários do escritório Express assumiram o controle e o atenderam rapidamente.
Puis un autre chariot transporta Buck à travers la ville bruyante.
Depois, outra carroça levou Buck pela cidade barulhenta.
Un camion l'a emmené avec des cartons et des colis sur un ferry.
Um caminhão o levou com caixas e pacotes para uma balsa.
Après la traversée, le camion l'a déchargé dans un dépôt ferroviaire.
Após a travessia, o caminhão o descarregou em um depósito ferroviário.
Finalement, Buck fut placé dans une voiture express en attente.
Por fim, Buck foi colocado dentro de um vagão expresso que o aguardava.
Pendant deux jours et deux nuits, les trains ont emporté la voiture express.

Durante dois dias e duas noites, os trens puxaram o vagão expresso.
Buck n'a ni mangé ni bu pendant tout le douloureux voyage.
Buck não comeu nem bebeu durante toda a dolorosa jornada.
Lorsque les messagers express ont essayé de l'approcher, il a grogné.
Quando os mensageiros expressos tentaram se aproximar dele, ele rosnou.
Ils ont réagi en se moquant de lui et en le taquinant cruellement.
Eles responderam zombando dele e provocando-o cruelmente.
Buck se jeta sur les barreaux, écumant et tremblant
Buck se jogou nas grades, espumando e tremendo
ils ont ri bruyamment et l'ont raillé comme des brutes de cour d'école.
Eles riram alto e o provocaram como valentões de pátio de escola.
Ils aboyaient comme de faux chiens et battaient des bras.
Eles latiam como cães falsos e batiam os braços.
Ils ont même chanté comme des coqs juste pour le contrarier davantage.
Eles até cantaram como galos só para irritá-lo ainda mais.
C'était un comportement stupide, et Buck savait que c'était ridicule.
Era um comportamento tolo, e Buck sabia que era ridículo.
Mais cela n'a fait qu'approfondir son sentiment d'indignation et de honte.
Mas isso só aprofundou seu sentimento de indignação e vergonha.
Il n'a pas été trop dérangé par la faim pendant le voyage.
Ele não se incomodou muito com a fome durante a viagem.
Mais la soif provoquait une douleur aiguë et une souffrance insupportable.
Mas a sede trazia uma dor aguda e um sofrimento insuportável.
Sa gorge sèche et enflammée et sa langue brûlaient de chaleur.

Sua garganta e língua secas e inflamadas queimavam de calor.
Cette douleur alimentait la fièvre qui montait dans son corps fier.
Essa dor alimentava a febre que crescia em seu corpo orgulhoso.
Buck était reconnaissant pour une seule chose au cours de ce procès.
Buck ficou grato por uma única coisa durante esse julgamento.
La corde avait été retirée de son cou épais.
A corda havia sido retirada de seu pescoço grosso.
La corde avait donné à ces hommes un avantage injuste et cruel.
A corda deu àqueles homens uma vantagem injusta e cruel.
Maintenant, la corde avait disparu et Buck jura qu'elle ne reviendrait jamais.
Agora a corda havia sumido, e Buck jurou que ela nunca mais voltaria.
Il a décidé qu'aucune corde ne passerait plus jamais autour de son cou.
Ele decidiu que nunca mais colocaria uma corda em seu pescoço.
Pendant deux longs jours et deux longues nuits, il souffrit sans nourriture.
Durante dois longos dias e noites, ele sofreu sem comida.
Et pendant ces heures, il a développé une énorme rage en lui.
E nessas horas ele acumulava uma raiva enorme dentro de si.
Ses yeux sont devenus injectés de sang et sauvages à cause d'une colère constante.
Seus olhos ficaram vermelhos e selvagens devido à raiva constante.
Il n'était plus Buck, mais un démon aux mâchoires claquantes.
Ele não era mais Buck, mas um demônio com mandíbulas afiadas.
Même le juge n'aurait pas reconnu cette créature folle.
Nem mesmo o Juiz reconheceria essa criatura louca.

Les messagers express ont soupiré de soulagement lorsqu'ils ont atteint Seattle
Os mensageiros expressos suspiraram de alívio quando chegaram a Seattle

Quatre hommes ont soulevé la caisse et l'ont amenée dans une cour arrière.
Quatro homens levantaram a caixa e a levaram para um quintal.

La cour était petite, entourée de murs hauts et solides.
O pátio era pequeno, cercado por muros altos e sólidos.

Un grand homme sortit, vêtu d'un pull rouge affaissé.
Um homem grande saiu vestindo uma camisa vermelha larga.

Il a signé le carnet de livraison d'une écriture épaisse et audacieuse.
Ele assinou o livro de entrega com uma letra grossa e ousada.

Buck sentit immédiatement que cet homme était son prochain bourreau.
Buck percebeu imediatamente que aquele homem seria seu próximo algoz.

Il se jeta violemment sur les barreaux, les yeux rouges de fureur.
Ele investiu violentamente contra as barras, com os olhos vermelhos de fúria.

L'homme sourit simplement sombrement et alla chercher une hachette.
O homem apenas deu um sorriso sombrio e foi buscar um machado.

Il portait également une massue dans sa main droite épaisse et forte.
Ele também trouxe um porrete em sua grossa e forte mão direita.

« Tu vas le sortir maintenant ? » demanda le chauffeur, inquiet.
"Você vai tirá-lo agora?", perguntou o motorista, preocupado.

« Bien sûr », dit l'homme en enfonçant la hachette dans la caisse comme levier.

"Claro", disse o homem, enfiando o machado na caixa como uma alavanca.

Les quatre hommes se dispersèrent instantanément et sautèrent sur le mur de la cour.

Os quatro homens se espalharam instantaneamente, pulando no muro do pátio.

Depuis leurs endroits sûrs, ils attendaient d'assister au spectacle.

De seus lugares seguros acima, eles esperaram para assistir ao espetáculo.

Buck se jeta sur le bois éclaté, le mordant et le secouant violemment.

Buck investiu contra a madeira lascada, mordendo e sacudindo ferozmente.

Chaque fois que la hachette touchait la cage, Buck était là pour l'attaquer.

Cada vez que o machado batia na gaiola, Buck estava lá para atacá-lo.

Il grogna et claqua des dents avec une rage folle, impatient d'être libéré.

Ele rosnou e estalou com raiva selvagem, ansioso para ser libertado.

L'homme dehors était calme et stable, concentré sur sa tâche.

O homem lá fora estava calmo e firme, concentrado em sua tarefa.

« Bon, alors, espèce de diable aux yeux rouges », dit-il lorsque le trou fut grand.

"Certo então, seu demônio de olhos vermelhos", ele disse quando o buraco ficou grande.

Il laissa tomber la hachette et prit le gourdin dans sa main droite.

Ele largou o machado e pegou o porrete na mão direita.

Buck ressemblait vraiment à un diable ; les yeux injectés de sang et flamboyants.

Buck realmente parecia um demônio; olhos vermelhos e flamejantes.

Son pelage se hérissait, de la mousse s'échappait de sa bouche, ses yeux brillaient.
Seu pelo estava eriçado, espuma saía de sua boca e seus olhos brilhavam.
Il rassembla ses muscles et se jeta directement sur le pull rouge.
Ele contraiu os músculos e saltou direto para o suéter vermelho.
Cent quarante livres de fureur s'abattèrent sur l'homme calme.
Cento e quarenta libras de fúria voaram em direção ao homem calmo.
Juste avant que ses mâchoires ne se referment, un coup terrible le frappa.
Pouco antes de suas mandíbulas se fecharem, um golpe terrível o atingiu.
Ses dents claquèrent l'une contre l'autre, rien d'autre que l'air
Seus dentes estalaram em nada além de ar
une secousse de douleur résonna dans son corps
uma pontada de dor reverberou por seu corpo
Il a fait un saut périlleux en plein vol et s'est écrasé sur le dos et sur le côté.
Ele girou no ar e caiu de costas e de lado.
Il n'avait jamais ressenti auparavant le coup d'un gourdin et ne pouvait pas le saisir.
Ele nunca havia sentido um golpe de taco antes e não conseguia segurá-lo.
Avec un grognement strident, mi-aboiement, mi-cri, il bondit à nouveau.
Com um rosnado estridente, parte latido, parte grito, ele saltou novamente.
Un autre coup brutal le frappa et le projeta au sol.
Outro golpe brutal o atingiu e o jogou no chão.
Cette fois, Buck comprit : c'était la lourde massue de l'homme.
Desta vez, Buck entendeu: era o pesado porrete do homem.

Mais la rage l'aveuglait, et il n'avait aucune idée de retraite.
Mas a raiva o cegou, e ele não pensou em recuar.
Douze fois il s'est lancé et douze fois il est tombé.
Doze vezes ele se lançou e doze vezes caiu.
Le gourdin en bois le frappait à chaque fois avec une force impitoyable et écrasante.
O porrete de madeira o esmagava todas as vezes com uma força implacável e esmagadora.
Après un coup violent, il se releva en titubant, étourdi et lent.
Depois de um golpe violento, ele cambaleou e ficou de pé, atordoado e lento.
Du sang coulait de sa bouche, de son nez et même de ses oreilles.
Sangue escorria de sua boca, nariz e até mesmo de suas orelhas.
Son pelage autrefois magnifique était maculé de mousse sanglante.
Seu pelo, antes lindo, estava manchado de espuma ensanguentada.
Alors l'homme s'est avancé et a donné un coup violent au nez.
Então o homem se aproximou e desferiu um golpe violento no nariz.
L'agonie était plus vive que tout ce que Buck avait jamais ressenti.
A agonia era mais aguda do que qualquer coisa que Buck já havia sentido.
Avec un rugissement plus bête que chien, il bondit à nouveau pour attaquer.
Com um rugido mais de animal do que de cachorro, ele saltou novamente para atacar.
Mais l'homme attrapa sa mâchoire inférieure et la tourna vers l'arrière.
Mas o homem agarrou seu maxilar inferior e o torceu para trás.
Buck fit un saut périlleux et s'écrasa à nouveau violemment.

Buck virou de cabeça para baixo e caiu com força novamente.
Une dernière fois, Buck se précipita sur lui, maintenant à peine capable de se tenir debout.
Uma última vez, Buck investiu contra ele, agora mal conseguindo ficar de pé.
L'homme a frappé avec un timing expert, délivrant le coup final.
O homem atacou com precisão e precisão, desferindo o golpe final.
Buck s'est effondré, inconscient et immobile.
Buck caiu no chão, inconsciente e imóvel.
« Il n'est pas mauvais pour dresser les chiens, c'est ce que je dis », a crié un homme.
"Ele não é nenhum idiota em domar cães, é o que eu digo", gritou um homem.
« Druther peut briser la volonté d'un chien n'importe quel jour de la semaine. »
"Druther pode quebrar a vontade de um cão em qualquer dia da semana."
« Et deux fois un dimanche ! » a ajouté le chauffeur.
"E duas vezes num domingo!" acrescentou o motorista.
Il monta dans le chariot et fit claquer les rênes pour partir.
Ele subiu na carroça e estalou as rédeas para sair.
Buck a lentement repris le contrôle de sa conscience
Buck recuperou lentamente o controle de sua consciência
mais son corps était encore trop faible et brisé pour bouger.
mas seu corpo ainda estava muito fraco e quebrado para se mover.
Il resta allongé là où il était tombé, regardant l'homme au pull rouge.
Ele ficou deitado onde havia caído, observando o homem de suéter vermelho.
« Il répond au nom de Buck », dit l'homme en lisant à haute voix.
"Ele atende pelo nome de Buck", disse o homem, lendo em voz alta.
Il a cité la note envoyée avec la caisse de Buck et les détails.

Ele citou a nota enviada com a caixa de Buck e detalhes.
« Eh bien, Buck, mon garçon », continua l'homme d'un ton amical,
"Bem, Buck, meu rapaz", continuou o homem com um tom amigável,
« Nous avons eu notre petite dispute, et maintenant c'est fini entre nous. »
"tivemos nossa pequena briga, e agora acabou entre nós."
« Tu as appris à connaître ta place, et j'ai appris à connaître la mienne », a-t-il ajouté.
"Você aprendeu o seu lugar e eu aprendi o meu", acrescentou.
« Sois sage, tout ira bien et la vie sera agréable. »
"Seja bom, e tudo correrá bem, e a vida será agradável."
« Mais sois méchant, et je te botterai les fesses, compris ? »
"Mas seja mau e eu vou te dar uma surra, entendeu?"
Tandis qu'il parlait, il tendit la main et tapota la tête douloureuse de Buck.
Enquanto falava, ele estendeu a mão e afagou a cabeça dolorida de Buck.
Les cheveux de Buck se dressèrent au contact de l'homme, mais il ne résista pas.
Os cabelos de Buck se arrepiaram ao toque do homem, mas ele não resistiu.
L'homme lui apporta de l'eau, que Buck but à grandes gorgées.
O homem trouxe-lhe água, que Buck bebeu em grandes goles.
Puis vint la viande crue, que Buck dévora morceau par morceau.
Depois veio a carne crua, que Buck devorou pedaço por pedaço.
Il savait qu'il était battu, mais il savait aussi qu'il n'était pas brisé.
Ele sabia que estava derrotado, mas também sabia que não estava quebrado.
Il n'avait aucune chance contre un homme armé d'une matraque.

Ele não tinha chance contra um homem armado com um porrete.
Il avait appris la vérité et il n'a jamais oublié cette leçon.
Ele aprendeu a verdade e nunca esqueceu essa lição.
Cette arme était le début de la loi dans le nouveau monde de Buck.
Aquela arma foi o início da lei no novo mundo de Buck.
C'était le début d'un ordre dur et primitif qu'il ne pouvait nier.
Foi o início de uma ordem dura e primitiva que ele não podia negar.
Il accepta la vérité ; ses instincts sauvages étaient désormais éveillés.
Ele aceitou a verdade; seus instintos selvagens agora estavam despertos.
Le monde était devenu plus dur, mais Buck l'a affronté avec courage.
O mundo ficou mais duro, mas Buck o enfrentou bravamente.
Il a affronté la vie avec une prudence, une ruse et une force tranquille nouvelles.
Ele enfrentou a vida com nova cautela, astúcia e força silenciosa.
D'autres chiens sont arrivés, attachés dans des cordes ou des caisses comme Buck l'avait été.
Mais cães chegaram, amarrados em cordas ou caixas, como Buck havia estado.
Certains chiens sont venus calmement, d'autres ont fait rage et se sont battus comme des bêtes sauvages.
Alguns cães vinham calmamente, outros se enfureciam e lutavam como feras selvagens.
Ils furent tous soumis au règne de l'homme au pull rouge.
Todos eles foram colocados sob o domínio do homem de suéter vermelho.
À chaque fois, Buck regardait et voyait la même leçon se dérouler.
Cada vez, Buck observava e via a mesma lição se desenrolar.
L'homme avec la massue était la loi, un maître à obéir.

O homem com o porrete era a lei; um mestre a ser obedecido.
Il n'avait pas besoin d'être aimé, mais il fallait qu'on lui obéisse.
Ele não precisava ser gostado, mas tinha que ser obedecido.
Buck ne s'est jamais montré flatteur ni n'a remué la queue comme le faisaient les chiens plus faibles.
Buck nunca bajulava ou abanava o rabo como os cães mais fracos faziam.
Il a vu des chiens qui avaient été battus et qui continuaient à lécher la main de l'homme.
Ele viu cães que foram espancados e ainda lamberam a mão do homem.
Il a vu un chien qui refusait d'obéir ou de se soumettre du tout.
Ele viu um cachorro que não obedecia nem se submetia.
Ce chien s'est battu jusqu'à ce qu'il soit tué dans la bataille pour le contrôle.
Aquele cão lutou até ser morto na batalha pelo controle.
Des étrangers venaient parfois voir l'homme au pull rouge.
Às vezes, estranhos vinham ver o homem de suéter vermelho.
Ils parlaient sur un ton étrange, suppliant, marchandant et riant.
Eles falavam em tons estranhos, implorando, barganhando e rindo.
Lors de l'échange d'argent, ils partaient avec un ou plusieurs chiens.
Quando o dinheiro era trocado, eles saíam com um ou mais cães.
Buck se demandait où étaient passés ces chiens, car aucun n'était jamais revenu.
Buck se perguntou para onde esses cães foram, pois nenhum deles jamais retornou.
la peur de l'inconnu envahissait Buck chaque fois qu'un homme étrange venait
O medo do desconhecido enchia Buck toda vez que um homem estranho aparecia

il était content à chaque fois qu'un autre chien était pris, plutôt que lui-même.
ele ficava feliz cada vez que outro cachorro era levado, em vez dele.
Mais finalement, le tour de Buck arriva avec l'arrivée d'un homme étrange.
Mas finalmente chegou a vez de Buck com a chegada de um homem estranho.
Il était petit, nerveux, parlait un anglais approximatif et jurait.
Ele era pequeno, magro, falava um inglês quebrado e xingava.
« Sacré-Dam ! » hurla-t-il en posant les yeux sur le corps de Buck.
"Sacredam!" ele gritou quando pôs os olhos no corpo de Buck.
« C'est un sacré chien tyrannique ! Hein ? Combien ? » demanda-t-il à voix haute.
"Esse cachorro é um valentão! Hein? Quanto?", perguntou ele em voz alta.
« Trois cents, et c'est un cadeau à ce prix-là. »
"Trezentos, e ele é um presente por esse preço,"
« Puisque c'est de l'argent du gouvernement, tu ne devrais pas te plaindre, Perrault. »
"Já que é dinheiro do governo, você não deveria reclamar, Perrault."
Perrault sourit à l'idée de l'accord qu'il venait de conclure avec cet homme.
Perrault sorriu para o acordo que tinha acabado de fazer com o homem.
Le prix des chiens a grimpé en flèche en raison de la demande soudaine.
O preço dos cães disparou devido à demanda repentina.
Trois cents dollars, ce n'était pas injuste pour une si belle bête.
Trezentos dólares não era injusto por um animal tão bom.
Le gouvernement canadien ne perdrait rien dans cet accord
O governo canadense não perderia nada no acordo

Leurs dépêches officielles ne seraient pas non plus retardées en transit.
Nem seus despachos oficiais seriam atrasados no trânsito.
Perrault connaissait bien les chiens et pouvait voir que Buck était quelque chose de rare.
Perrault conhecia bem os cães e podia ver que Buck era algo raro.
« Un sur dix dix mille », pensa-t-il en étudiant la silhouette de Buck.
"Um em dez mil", pensou ele, enquanto estudava a constituição física de Buck.
Buck a vu l'argent changer de mains, mais n'a montré aucune surprise.
Buck viu o dinheiro mudar de mãos, mas não demonstrou surpresa.
Bientôt, lui et Curly, un gentil Terre-Neuve, furent emmenés.
Logo ele e Curly, um dócil Terra Nova, foram levados embora.
Ils suivirent le petit homme depuis la cour du pull rouge.
Eles seguiram o homenzinho do quintal do suéter vermelho.
Ce fut la dernière fois que Buck vit l'homme avec la massue en bois.
Essa foi a última vez que Buck viu o homem com o porrete de madeira.
Depuis le pont du Narval, il regardait Seattle disparaître au loin.
Do convés do Narwhal, ele observou Seattle desaparecer na distância.
C'était aussi la dernière fois qu'il voyait le chaud Southland.
Foi também a última vez que ele viu a cálida região de Southland.
Perrault les emmena sous le pont et les laissa à François.
Perrault os levou para o convés inferior e os deixou com François.
François était un géant au visage noir, aux mains rugueuses et calleuses.

François era um gigante de rosto negro e mãos ásperas e calejadas.
Il était brun et basané; un métis franco-canadien.
Ele era moreno e mestiço franco-canadense.
Pour Buck, ces hommes étaient d'un genre qu'il n'avait jamais vu auparavant.
Para Buck, esses homens eram de um tipo que ele nunca tinha visto antes.
Il allait connaître beaucoup d'autres hommes de ce genre dans les jours qui suivirent.
Ele conheceria muitos homens assim nos dias seguintes.
Il ne s'est pas attaché à eux, mais il a appris à les respecter.
Ele não gostava deles, mas passou a respeitá-los.
Ils étaient justes et sages, et ne se laissaient pas facilement tromper par un chien.
Eles eram justos e sábios, e não eram facilmente enganados por nenhum cão.
Ils jugeaient les chiens avec calme et ne les punissaient que lorsqu'ils le méritaient.
Eles julgavam os cães com calma e puniam apenas quando merecido.
Sur le pont inférieur du Narwhal, Buck et Curly ont rencontré deux chiens.
No convés inferior do Narwhal, Buck e Curly encontraram dois cães.
L'un d'eux était un grand chien blanc venu du lointain et glacial Spitzberg.
Um deles era um grande cão branco da distante e gelada Spitzbergen.
Il avait autrefois navigué avec un baleinier et rejoint un groupe d'enquête.
Certa vez, ele navegou com um baleeiro e se juntou a um grupo de pesquisa.
Il était amical d'une manière sournoise, sournoise et rusée.
Ele era amigável de uma forma astuta, dissimulada e ardilosa.
Lors de leur premier repas, il a volé un morceau de viande dans la poêle de Buck.

Na primeira refeição, ele roubou um pedaço de carne da panela de Buck.

Buck sauta pour le punir, mais le fouet de François frappa en premier.

Buck saltou para puni-lo, mas o chicote de François o atingiu primeiro.

Le voleur blanc hurla et Buck récupéra l'os volé.

O ladrão branco gritou, e Buck recuperou o osso roubado.

Cette équité impressionna Buck, et François gagna son respect.

Essa justiça impressionou Buck, e François conquistou seu respeito.

L'autre chien ne lui a pas adressé de salut et n'en a pas voulu en retour.

O outro cão não cumprimentou e não quis receber nada em troca.

Il ne volait pas de nourriture et ne reniflait pas les nouveaux arrivants avec intérêt.

Ele não roubou comida, nem cheirou os recém-chegados com interesse.

Ce chien était sinistre et calme, sombre et lent.

Este cão era sombrio e quieto, sombrio e lento.

Il a averti Curly de rester à l'écart en la regardant simplement.

Ele avisou Curly para ficar longe, simplesmente olhando feio para ela.

Son message était clair : laissez-moi tranquille ou il y aura des problèmes.

Sua mensagem foi clara: deixe-me em paz ou haverá problemas.

Il s'appelait Dave et il remarquait à peine son environnement.

Ele se chamava Dave e mal notava o que estava ao seu redor.

Il dormait souvent, mangeait tranquillement et bâillait de temps en temps.

Ele dormia bastante, comia em silêncio e bocejava de vez em quando.

Le navire ronronnait constamment avec le battement de l'hélice en dessous.
O navio zumbia constantemente com a hélice batendo abaixo.
Les jours passèrent sans grand changement, mais le temps devint plus froid.
Os dias passaram com pouca mudança, mas o clima ficou mais frio.
Buck pouvait le sentir dans ses os et remarqua que les autres le faisaient aussi.
Buck podia sentir isso em seus ossos e percebeu que os outros também sentiam.
Puis un matin, l'hélice s'est arrêtée et tout est redevenu calme.
Então, uma manhã, a hélice parou e tudo ficou quieto.
Une énergie parcourut le vaisseau ; quelque chose avait changé.
Uma energia percorreu a nave; algo havia mudado.
François est descendu, les a attachés en laisse et les a remontés.
François desceu, prendeu-os nas coleiras e os trouxe para cima.
Buck sortit et trouva le sol doux, blanc et froid.
Buck saiu e encontrou o chão macio, branco e frio.
Il sursauta en arrière, alarmé, et renifla, totalement confus.
Ele pulou para trás, alarmado, e bufou, totalmente confuso.
Une étrange substance blanche tombait du ciel gris.
Uma coisa branca estranha estava caindo do céu cinza.
Il se secoua, mais les flocons blancs continuaient à atterrir sur lui.
Ele se sacudiu, mas os flocos brancos continuavam caindo nele.
Il renifla soigneusement la substance blanche et lécha quelques morceaux glacés.
Ele cheirou a substância branca cuidadosamente e lambeu alguns pedaços congelados.
La poudre brûla comme du feu, puis disparut de sa langue.

O pó queimou como fogo e depois desapareceu de sua língua.
Buck essaya à nouveau, intrigué par l'étrange froideur qui disparaissait.
Buck tentou novamente, intrigado pelo estranho frio que desaparecia.
Les hommes autour de lui rirent et Buck se sentit gêné.
Os homens ao redor dele riram e Buck se sentiu envergonhado.
Il ne savait pas pourquoi, mais il avait honte de sa réaction.
Ele não sabia porquê, mas estava envergonhado de sua reação.
C'était sa première expérience avec la neige, et cela le dérouta.
Foi sua primeira experiência com neve e isso o deixou confuso.

La loi du gourdin et des crocs
A Lei do Clube e da Presa

Le premier jour de Buck sur la plage de Dyea ressemblait à un terrible cauchemar.
O primeiro dia de Buck na praia de Dyea pareceu um pesadelo terrível.
Chaque heure apportait de nouveaux chocs et des changements inattendus pour Buck.
Cada hora trazia novos choques e mudanças inesperadas para Buck.
Il avait été arraché à la civilisation et jeté dans un chaos sauvage.
Ele foi arrancado da civilização e jogado no caos selvagem.
Ce n'était pas une vie ensoleillée et paresseuse, faite d'ennui et de repos.
Não era uma vida ensolarada, preguiçosa, cheia de tédio e descanso.
Il n'y avait pas de paix, pas de repos, et pas un instant sans danger.
Não havia paz, nem descanso, nem momento algum sem perigo.
La confusion régnait sur tout et le danger était toujours proche.
A confusão reinava em tudo e o perigo estava sempre por perto.
Buck devait rester vigilant car ces hommes et ces chiens étaient différents.
Buck teve que ficar alerta porque esses homens e cães eram diferentes.
Ils n'étaient pas originaires des villes ; ils étaient sauvages et sans pitié.
Eles não eram de cidades; eram selvagens e sem misericórdia.
Ces hommes et ces chiens ne connaissaient que la loi du gourdin et des crocs.
Esses homens e cães só conheciam a lei da clava e das presas.

Buck n'avait jamais vu de chiens se battre comme ces huskies sauvages.
Buck nunca tinha visto cães brigarem como esses huskies selvagens.
Sa première expérience lui a appris une leçon qu'il n'oublierait jamais.
Sua primeira experiência lhe ensinou uma lição que ele nunca esqueceria.
Il a eu de la chance que ce ne soit pas lui, sinon il serait mort aussi.
Ele teve sorte de não ter sido ele, ou ele também teria morrido.
Curly était celui qui souffrait tandis que Buck regardait et apprenait.
Curly foi quem sofreu enquanto Buck observava e aprendia.
Ils avaient installé leur campement près d'un magasin construit en rondins.
Eles montaram acampamento perto de uma loja construída com toras.
Curly a essayé d'être amical avec un grand husky ressemblant à un loup.
Curly tentou ser amigável com um grande husky parecido com um lobo.
Le husky était plus petit que Curly, mais avait l'air sauvage et méchant.
O husky era menor que Curly, mas parecia selvagem e malvado.
Sans prévenir, il a sauté et lui a ouvert le visage.
Sem aviso, ele pulou e abriu o rosto dela.
Ses dents lui coupèrent l'œil jusqu'à sa mâchoire en un seul mouvement.
Os dentes dele cortaram do olho dela até o maxilar em um só movimento.
C'est ainsi que les loups se battaient : ils frappaient vite et sautaient loin.
Era assim que os lobos lutavam: atacavam rápido e pulavam para longe.
Mais il y avait plus à apprendre que de cette seule attaque.

Mas havia mais a aprender do que apenas naquele ataque.
Des dizaines de huskies se sont précipités et ont formé un cercle silencieux.
Dezenas de huskies correram e formaram um círculo silencioso.
Ils regardaient attentivement et se léchaient les lèvres avec faim.
Eles observavam atentamente e lambiam os lábios de fome.
Buck ne comprenait pas leur silence ni leurs regards avides.
Buck não entendia o silêncio deles nem seus olhares ansiosos.
Curly s'est précipité pour attaquer le husky une deuxième fois.
Curly correu para atacar o husky uma segunda vez.
Il a utilisé sa poitrine pour la renverser avec un mouvement puissant.
Ele usou o peito para derrubá-la com um movimento forte.
Elle est tombée sur le côté et n'a pas pu se relever.
Ela caiu de lado e não conseguiu se levantar.
C'est ce que les autres attendaient depuis le début.
Era isso que os outros estavam esperando o tempo todo.
Les huskies ont sauté sur elle, hurlant et grognant avec frénésie.
Os huskies pularam sobre ela, gritando e rosnando freneticamente.
Elle a crié alors qu'ils l'enterraient sous un tas de chiens.
Ela gritou quando a enterraram sob uma pilha de cachorros.
L'attaque fut si rapide que Buck resta figé sur place sous le choc.
O ataque foi tão rápido que Buck ficou paralisado em choque.
Il vit Spitz tirer la langue d'une manière qui ressemblait à un rire.
Ele viu Spitz colocar a língua para fora de um jeito que parecia uma risada.
François a attrapé une hache et a couru droit vers le groupe de chiens.
François pegou um machado e correu direto para o grupo de cães.

Trois autres hommes ont utilisé des gourdins pour aider à repousser les huskies.
Três outros homens usaram cassetetes para ajudar a espantar os huskies.
En seulement deux minutes, le combat était terminé et les chiens avaient disparu.
Em apenas dois minutos, a luta acabou e os cães foram embora.
Curly gisait morte dans la neige rouge et piétinée, son corps déchiré.
Curly jazia morta na neve vermelha e pisoteada, com o corpo despedaçado.
Un homme à la peau sombre se tenait au-dessus d'elle, maudissant la scène brutale.
Um homem de pele escura estava de pé sobre ela, amaldiçoando a cena brutal.
Le souvenir est resté avec Buck et a hanté ses rêves la nuit.
A lembrança permaneceu com Buck e assombrava seus sonhos à noite.
C'était comme ça ici : pas d'équité, pas de seconde chance.
Esse era o jeito aqui: sem justiça, sem segunda chance.
Une fois qu'un chien tombait, les autres le tuaient sans pitié.
Quando um cachorro caía, os outros o matavam sem piedade.
Buck décida alors qu'il ne se permettrait jamais de tomber.
Buck decidiu então que nunca se deixaria cair.
Spitz tira à nouveau la langue et rit du sang.
Spitz mostrou a língua novamente e riu do sangue.
À partir de ce moment-là, Buck détesta Spitz de tout son cœur.
Daquele momento em diante, Buck odiou Spitz de todo o coração.

Avant que Buck ne puisse se remettre de la mort de Curly, quelque chose de nouveau s'est produit.
Antes que Buck pudesse se recuperar da morte de Curly, algo novo aconteceu.

François s'est approché et a attaché quelque chose autour du corps de Buck.
François se aproximou e amarrou algo ao redor do corpo de Buck.
C'était un harnais comme ceux utilisés sur les chevaux du ranch.
Era um arreio como os usados nos cavalos da fazenda.
Comme Buck avait vu les chevaux travailler, il devait maintenant travailler aussi.
Assim como Buck tinha visto os cavalos trabalharem, agora ele também era obrigado a trabalhar.
Il a dû tirer François sur un traîneau dans la forêt voisine.
Ele teve que puxar François em um trenó para a floresta próxima.
Il a ensuite dû ramener une lourde charge de bois de chauffage.
Depois ele teve que puxar uma carga pesada de lenha.
Buck était fier, donc cela lui faisait mal d'être traité comme un animal de travail.
Buck era orgulhoso, então ficava magoado ao ser tratado como um animal de trabalho.
Mais il était sage et n'a pas essayé de lutter contre la nouvelle situation.
Mas ele era sábio e não tentou lutar contra a nova situação.
Il a accepté sa nouvelle vie et a donné le meilleur de lui-même dans chaque tâche.
Ele aceitou sua nova vida e deu o melhor de si em cada tarefa.
Tout ce qui concernait ce travail lui était étrange et inconnu.
Tudo no trabalho era estranho e desconhecido para ele.
François était strict et exigeait l'obéissance sans délai.
Francisco era rigoroso e exigia obediência sem demora.
Son fouet garantissait que chaque ordre soit exécuté immédiatement.
Seu chicote garantia que cada comando fosse seguido imediatamente.
Dave était le conducteur du traîneau, le chien le plus proche du traîneau derrière Buck.

Dave era o condutor do trenó, e o cachorro ficava mais próximo dele, atrás de Buck.

Dave mordait Buck sur les pattes arrière s'il faisait une erreur.

Dave mordia Buck nas patas traseiras se ele cometesse um erro.

Spitz était le chien de tête, compétent et expérimenté dans ce rôle.

Spitz era o cão líder, habilidoso e experiente na função.

Spitz ne pouvait pas atteindre Buck facilement, mais il le corrigea quand même.

Spitz não conseguiu alcançar Buck facilmente, mas mesmo assim o corrigiu.

Il grognait durement ou tirait le traîneau d'une manière qui enseignait à Buck.

Ele rosnava asperamente ou puxava o trenó de um jeito que ensinava Buck.

Grâce à cette formation, Buck a appris plus vite que ce qu'ils avaient imaginé.

Com esse treinamento, Buck aprendeu mais rápido do que qualquer um deles esperava.

Il a travaillé dur et a appris de François et des autres chiens.

Ele trabalhou duro e aprendeu com François e os outros cães.

À leur retour, Buck connaissait déjà les commandes clés.

Quando retornaram, Buck já conhecia os comandos principais.

Il a appris à s'arrêter au son « ho » de François.

Ele aprendeu a parar ao som de "ho" com François.

Il a appris quand il a dû tirer le traîneau et courir.

Ele aprendeu quando tinha que puxar o trenó e correr.

Il a appris à tourner largement dans les virages du sentier sans difficulté.

Ele aprendeu a fazer curvas abertas na trilha sem problemas.

Il a également appris à éviter Dave lorsque le traîneau descendait rapidement.

Ele também aprendeu a evitar Dave quando o trenó descia rapidamente.

« Ce sont de très bons chiens », dit fièrement François à Perrault.
"Eles são cães muito bons", disse François orgulhosamente a Perrault.
« Ce Buck tire comme un dingue, je lui apprends vite fait. »
"Aquele Buck puxa muito bem, eu o ensino rápido como nunca."

Plus tard dans la journée, Perrault est revenu avec deux autres chiens husky.
Mais tarde naquele dia, Perrault voltou com mais dois cães husky.
Ils s'appelaient Billee et Joe, et ils étaient frères.
Os nomes deles eram Billee e Joe, e eles eram irmãos.
Ils venaient de la même mère, mais ne se ressemblaient pas du tout.
Eles vieram da mesma mãe, mas não eram nada parecidos.
Billee était de nature douce et très amicale avec tout le monde.
Billee era doce e muito amigável com todos.
Joe était tout le contraire : calme, en colère et toujours en train de grogner.
Joe era o oposto: quieto, irritado e sempre rosnando.
Buck les a accueillis de manière amicale et s'est montré calme avec eux deux.
Buck os cumprimentou de forma amigável e estava calmo com ambos.
Dave ne leur prêta aucune attention et resta silencieux comme d'habitude.
Dave não prestou atenção neles e permaneceu em silêncio, como sempre.
Spitz a attaqué d'abord Billee, puis Joe, pour montrer sa domination.
Spitz atacou primeiro Billee, depois Joe, para mostrar seu domínio.
Billee remua la queue et essaya d'être amical avec Spitz.
Billee abanou o rabo e tentou ser amigável com Spitz.

Lorsque cela n'a pas fonctionné, il a essayé de s'enfuir à la place.
Quando isso não funcionou, ele tentou fugir.
Il a pleuré tristement lorsque Spitz l'a mordu fort sur le côté.
Ele chorou tristemente quando Spitz o mordeu com força na lateral do corpo.
Mais Joe était très différent et refusait d'être intimidé.
Mas Joe era muito diferente e se recusava a ser intimidado.
Chaque fois que Spitz s'approchait, Joe se retournait pour lui faire face rapidement.
Toda vez que Spitz se aproximava, Joe se virava rapidamente para encará-lo.
Sa fourrure se hérissa, ses lèvres se retroussèrent et ses dents claquèrent sauvagement.
Seus pelos se eriçaram, seus lábios se curvaram e seus dentes estalaram violentamente.
Les yeux de Joe brillaient de peur et de rage, défiant Spitz de frapper.
Os olhos de Joe brilharam de medo e raiva, desafiando Spitz a atacar.
Spitz abandonna le combat et se détourna, humilié et en colère.
Spitz desistiu da luta e se virou, humilhado e irritado.
Il a déversé sa frustration sur le pauvre Billee et l'a chassé.
Ele descontou sua frustração no pobre Billee e o expulsou.
Ce soir-là, Perrault ajouta un chien de plus à l'équipe.
Naquela noite, Perrault acrescentou mais um cão à equipe.
Ce chien était vieux, maigre et couvert de cicatrices de guerre.
Este cão era velho, magro e coberto de cicatrizes de batalha.
L'un de ses yeux manquait, mais l'autre brillait de puissance.
Um dos seus olhos estava faltando, mas o outro brilhava com poder.
Le nom du nouveau chien était Solleks, ce qui signifiait « celui qui est en colère ».

O nome do novo cachorro era Solleks, que significa o Zangado.

Comme Dave, Solleks ne demandait rien aux autres et ne donnait rien en retour.

Assim como Dave, Solleks não pedia nada aos outros e não dava nada em troca.

Lorsque Solleks entra lentement dans le camp, même Spitz resta à l'écart.

Quando Solleks caminhou lentamente em direção ao acampamento, até Spitz ficou longe.

Il avait une étrange habitude que Buck a eu la malchance de découvrir.

Ele tinha um hábito estranho que Buck teve o azar de descobrir.

Solleks détestait qu'on l'approche du côté où il était aveugle.

Solleks odiava ser abordado pelo lado em que era cego.

Buck ne le savait pas et a fait cette erreur par accident.

Buck não sabia disso e cometeu esse erro por acidente.

Solleks se retourna et frappa l'épaule de Buck profondément et rapidement.

Solleks girou e golpeou o ombro de Buck de forma rápida e profunda.

À partir de ce moment, Buck ne s'est plus jamais approché du côté aveugle de Solleks.

Daquele momento em diante, Buck nunca mais chegou perto do ponto cego de Solleks.

Ils n'ont plus jamais eu de problèmes pendant le reste de leur temps ensemble.

Eles nunca mais tiveram problemas durante o tempo que passaram juntos.

Solleks voulait seulement être laissé seul, comme le calme Dave.

Solleks só queria ficar sozinho, como o quieto Dave.

Mais Buck apprendra plus tard qu'ils avaient chacun un autre objectif secret.

Mas Buck descobriria mais tarde que cada um deles tinha outro objetivo secreto.

Cette nuit-là, Buck a dû faire face à un nouveau défi troublant : comment dormir.
Naquela noite, Buck enfrentou um novo e preocupante desafio: como dormir.

La tente brillait chaleureusement à la lumière des bougies dans le champ enneigé.
A tenda brilhava intensamente com a luz de velas no campo nevado.

Buck entra, pensant qu'il pourrait se reposer là comme avant.
Buck entrou, pensando que poderia descansar ali como antes.

Mais Perrault et François lui criaient dessus et lui jetaient des casseroles.
Mas Perrault e François gritaram com ele e jogaram panelas.

Choqué et confus, Buck s'est enfui dans le froid glacial.
Chocado e confuso, Buck correu para o frio congelante.

Un vent glacial piquait son épaule blessée et lui gelait les pattes.
Um vento cortante atingiu seu ombro ferido e congelou suas patas.

Il s'est allongé dans la neige et a essayé de dormir à la belle étoile.
Ele deitou-se na neve e tentou dormir ao relento.

Mais le froid l'obligea bientôt à se relever, tremblant terriblement.
Mas o frio logo o forçou a se levantar, tremendo muito.

Il erra dans le camp, essayant de trouver un endroit plus chaud.
Ele vagou pelo acampamento, tentando encontrar um lugar mais quente.

Mais chaque coin était aussi froid que le précédent.
Mas cada canto era tão frio quanto o anterior.

Parfois, des chiens sauvages sautaient sur lui dans l'obscurité.
Às vezes, cães selvagens saltavam sobre ele da escuridão.

Buck hérissa sa fourrure, montra ses dents et grogna en signe d'avertissement.

Buck eriçou o pelo, mostrou os dentes e rosnou em advertência.
Il apprenait vite et les autres chiens reculaient rapidement.
Ele estava aprendendo rápido, e os outros cães recuaram rapidamente.
Il n'avait toujours pas d'endroit où dormir et ne savait pas quoi faire.
Ainda assim, ele não tinha onde dormir e nem ideia do que fazer.
Finalement, une pensée lui vint : aller voir ses coéquipiers.
Por fim, um pensamento lhe ocorreu: verificar seus companheiros de equipe.
Il est retourné dans leur région et a été surpris de les trouver partis.
Ele retornou à área deles e ficou surpreso ao descobrir que eles haviam sumido.
Il chercha à nouveau dans le camp, mais ne parvint toujours pas à les trouver.
Ele procurou novamente pelo acampamento, mas ainda não conseguiu encontrá-los.
Il savait qu'ils ne pouvaient pas être dans la tente, sinon il le serait aussi.
Ele sabia que eles não poderiam ficar na tenda, ou ele também ficaria.
Alors, où étaient passés tous les chiens dans ce camp gelé ?
Então, para onde foram todos os cães neste acampamento congelado?
Buck, froid et misérable, tournait lentement autour de la tente.
Buck, com frio e infeliz, circulou lentamente ao redor da tenda.
Soudain, ses pattes avant s'enfoncèrent dans la neige molle et le surprit.
De repente, suas patas dianteiras afundaram na neve fofa e o assustaram.
Quelque chose se tortilla sous ses pieds et il sursauta en arrière, effrayé.

Algo se contorceu sob seus pés e ele pulou para trás, assustado.

Il grogna et grogna, ne sachant pas ce qui se cachait sous la neige.

Ele rosnou e rosnou, sem saber o que havia sob a neve.

Puis il entendit un petit aboiement amical qui apaisa sa peur.

Então ele ouviu um latido amigável que aliviou seu medo.

Il renifla l'air et s'approcha pour voir ce qui était caché.

Ele cheirou o ar e se aproximou para ver o que estava escondido.

Sous la neige, recroquevillée en boule chaude, se trouvait la petite Billee.

Debaixo da neve, enrolada como uma bola quente, estava a pequena Billee.

Billee remua la queue et lécha le visage de Buck pour le saluer.

Billee abanou o rabo e lambeu o rosto de Buck para cumprimentá-lo.

Buck a vu comment Billee avait fabriqué un endroit pour dormir dans la neige.

Buck viu como Billee havia feito um lugar para dormir na neve.

Il avait creusé et utilisé sa propre chaleur pour rester au chaud.

Ele cavou e usou seu próprio calor para se manter aquecido.

Buck avait appris une autre leçon : c'est ainsi que les chiens dormaient.

Buck aprendeu outra lição: era assim que os cães dormiam.

Il a choisi un endroit et a commencé à creuser son propre trou dans la neige.

Ele escolheu um local e começou a cavar seu próprio buraco na neve.

Au début, il bougeait trop et gaspillait de l'énergie.

No começo, ele se movimentava muito e desperdiçava energia.

Mais bientôt son corps réchauffa l'espace et il se sentit en sécurité.
Mas logo seu corpo aqueceu o espaço e ele se sentiu seguro.
Il se recroquevilla étroitement et, peu de temps après, il s'endormit profondément.
Ele se enrolou fortemente e em pouco tempo estava dormindo profundamente.
La journée avait été longue et dure, et Buck était épuisé.
O dia tinha sido longo e difícil, e Buck estava exausto.
Il dormait profondément et confortablement, même si ses rêves étaient fous.
Ele dormia profundamente e confortavelmente, embora seus sonhos fossem selvagens.
Il grognait et aboyait dans son sommeil, se tordant pendant qu'il rêvait.
Ele rosnou e latiu enquanto dormia, se contorcendo enquanto sonhava.

Buck ne s'est réveillé que lorsque le camp était déjà en train de prendre vie.
Buck só acordou quando o acampamento já estava ganhando vida.
Au début, il ne savait pas où il était ni ce qui s'était passé.
No início, ele não sabia onde estava ou o que tinha acontecido.
La neige était tombée pendant la nuit et avait complètement enseveli son corps.
A neve caiu durante a noite e enterrou completamente seu corpo.
La neige se pressait autour de lui, serrée de tous côtés.
A neve o comprimia por todos os lados.
Soudain, une vague de peur traversa tout le corps de Buck.
De repente, uma onda de medo percorreu todo o corpo de Buck.
C'était la peur d'être piégé, une peur venue d'instincts profonds.
Era o medo de ficar preso, um medo de instintos profundos.
Bien qu'il n'ait jamais vu de piège, la peur vivait en lui.

Embora nunca tivesse visto uma armadilha, o medo vivia dentro dele.

C'était un chien apprivoisé, mais maintenant ses vieux instincts sauvages se réveillaient.

Ele era um cão domesticado, mas agora seus velhos instintos selvagens estavam despertando.

Les muscles de Buck se tendirent et sa fourrure se dressa sur tout son dos.

Os músculos de Buck ficaram tensos e os pelos de suas costas ficaram eriçados.

Il grogna férocement et bondit droit dans la neige.

Ele rosnou ferozmente e saltou direto da neve.

La neige volait dans toutes les directions alors qu'il faisait irruption dans la lumière du jour.

A neve voava em todas as direções quando ele irrompeu na luz do dia.

Avant même d'atterrir, Buck vit le camp s'étendre devant lui.

Antes mesmo de pousar, Buck viu o acampamento se espalhando diante dele.

Il se souvenait de tout ce qui s'était passé la veille, d'un seul coup.

Ele se lembrou de tudo do dia anterior, de uma só vez.

Il se souvenait d'avoir flâné avec Manuel et d'avoir fini à cet endroit.

Ele se lembra de ter passeado com Manuel e ter chegado a esse lugar.

Il se souvenait avoir creusé le trou et s'être endormi dans le froid.

Ele se lembrou de cavar o buraco e adormecer no frio.

Maintenant, il était réveillé et le monde sauvage qui l'entourait était clair.

Agora ele estava acordado, e o mundo selvagem ao seu redor estava claro.

Un cri de François salua l'apparition soudaine de Buck.

Um grito de François saudou a aparição repentina de Buck.

« Qu'est-ce que j'ai dit ? » cria le conducteur du chien à Perrault.

"O que eu disse?" gritou alto o condutor do cão para Perrault.
« Ce Buck apprend vraiment très vite », a ajouté François.
"Aquele Buck com certeza aprende rápido", acrescentou François.
Perrault hocha gravement la tête, visiblement satisfait du résultat.
Perrault assentiu gravemente, claramente satisfeito com o resultado.
En tant que courrier pour le gouvernement canadien, il transportait des dépêches.
Como mensageiro do governo canadense, ele transportava despachos.
Il était impatient de trouver les meilleurs chiens pour son importante mission.
Ele estava ansioso para encontrar os melhores cães para sua importante missão.
Il se sentait particulièrement heureux maintenant que Buck faisait partie de l'équipe.
Ele se sentia especialmente satisfeito agora que Buck fazia parte da equipe.
Trois autres huskies ont été ajoutés à l'équipe en une heure.
Mais três huskies foram adicionados à equipe em uma hora.
Cela porte le nombre total de chiens dans l'équipe à neuf.
Isso elevou o número total de cães na equipe para nove.
En quinze minutes, tous les chiens étaient dans leurs harnais.
Em quinze minutos todos os cães estavam com seus arreios.
L'équipe de traîneaux remontait le sentier en direction du canyon de Dyea.
A equipe de trenó subia a trilha em direção ao Cañon Dyea.
Buck était heureux de partir, même si le travail à venir était difficile.
Buck estava feliz por partir, mesmo que o trabalho pela frente fosse difícil.
Il s'est rendu compte qu'il ne détestait pas particulièrement le travail ou le froid.

Ele descobriu que não desprezava particularmente o trabalho ou o frio.
Il a été surpris par l'empressement qui a rempli toute l'équipe.
Ele ficou surpreso com a empolgação que tomou conta de toda a equipe.
Encore plus surprenant fut le changement qui s'était produit chez Dave et Solleks.
Ainda mais surpreendente foi a mudança que ocorreu em Dave e Solleks.
Ces deux chiens étaient complètement différents lorsqu'ils étaient attelés.
Esses dois cães eram completamente diferentes quando estavam atrelados.
Leur passivité et leur manque d'intérêt avaient complètement disparu.
Sua passividade e falta de preocupação haviam desaparecido completamente.
Ils étaient alertes et actifs, et désireux de bien faire leur travail.
Eles estavam alertas e ativos, e ansiosos para fazer bem o seu trabalho.
Ils s'irritaient violemment à tout ce qui pouvait provoquer un retard ou une confusion.
Eles ficavam extremamente irritados com qualquer coisa que causasse atraso ou confusão.
Le travail acharné sur les rênes était le centre de tout leur être.
O trabalho duro nas rédeas era o centro de todo o seu ser.
Tirer un traîneau semblait être la seule chose qu'ils appréciaient vraiment.
Puxar trenós parecia ser a única coisa que eles realmente gostavam.
Dave était à l'arrière du groupe, le plus proche du traîneau lui-même.
Dave estava no fundo do grupo, mais próximo do trenó.
Buck a été placé devant Dave, et Solleks a dépassé Buck.

Buck foi colocado na frente de Dave, e Solleks saiu na frente de Buck.
Le reste des chiens était aligné devant eux en file indienne.
O resto dos cães estava disposto à frente em uma única fila.
La position de tête à l'avant était occupée par Spitz.
A posição de liderança na frente foi ocupada por Spitz.
Buck avait été placé entre Dave et Solleks pour l'instruction.
Buck foi colocado entre Dave e Solleks para receber instruções.
Il apprenait vite et ils étaient des professeurs fermes et compétents.
Ele aprendia rápido, e eles eram professores firmes e capazes.
Ils n'ont jamais permis à Buck de rester longtemps dans l'erreur.
Eles nunca permitiram que Buck permanecesse no erro por muito tempo.
Ils ont enseigné leurs leçons avec des dents acérées quand c'était nécessaire.
Eles ensinavam suas lições com dentes afiados quando necessário.
Dave était juste et faisait preuve d'une sagesse calme et sérieuse.
Dave era justo e demonstrava um tipo de sabedoria séria e tranquila.
Il n'a jamais mordu Buck sans une bonne raison de le faire.
Ele nunca mordeu Buck sem um bom motivo para isso.
Mais il n'a jamais manqué de mordre lorsque Buck avait besoin d'être corrigé.
Mas ele nunca deixou de morder quando Buck precisava de correção.
Le fouet de François était toujours prêt et soutenait leur autorité.
O chicote de François estava sempre pronto e reforçava sua autoridade.
Buck a vite compris qu'il valait mieux obéir que riposter.
Buck logo descobriu que era melhor obedecer do que revidar.
Un jour, lors d'un court repos, Buck s'est emmêlé dans les rênes.

Certa vez, durante um breve descanso, Buck se enroscou nas rédeas.

Il a retardé le départ et a perturbé le mouvement de l'équipe.

Ele atrasou a largada e atrapalhou o movimento do time.

Dave et Solleks se sont jetés sur lui et lui ont donné une raclée.

Dave e Solleks voaram em sua direção e lhe deram uma surra violenta.

L'enchevêtrement n'a fait qu'empirer, mais Buck a bien appris sa leçon.

A confusão só piorou, mas Buck aprendeu bem a lição.

Dès lors, il garda les rênes tendues et travailla avec soin.

A partir daí, ele manteve as rédeas esticadas e trabalhou com cuidado.

Avant la fin de la journée, Buck avait maîtrisé une grande partie de sa tâche.

Antes do dia terminar, Buck já havia dominado grande parte de sua tarefa.

Ses coéquipiers ont presque arrêté de le corriger ou de le mordre.

Seus companheiros de equipe quase pararam de corrigi-lo ou mordê-lo.

Le fouet de François claquait de moins en moins souvent dans l'air.

O chicote de François estalava no ar cada vez menos.

Perrault a même soulevé les pieds de Buck et a soigneusement examiné chaque patte.

Perrault até levantou os pés de Buck e examinou cuidadosamente cada pata.

Cela avait été une journée de course difficile, longue et épuisante pour eux tous.

Foi um dia de corrida difícil, longo e exaustivo para todos eles.

Ils remontèrent le Cañon, traversèrent Sheep Camp et passèrent devant les Scales.

Eles viajaram pelo Cañon, passaram pelo Sheep Camp e passaram pelas Scales.

Ils ont traversé la limite des forêts, puis des glaciers et des congères de plusieurs mètres de profondeur.
Eles cruzaram a linha de madeira, depois geleiras e montes de neve com muitos metros de profundidade.
Ils ont escaladé la grande et froide chaîne de montagnes Chilkoot Divide.
Eles escalaram a grande e fria Chilkoot Divide.
Cette haute crête se dressait entre l'eau salée et l'intérieur gelé.
Aquela alta crista ficava entre a água salgada e o interior congelado.
Les montagnes protégeaient le Nord triste et solitaire avec de la glace et des montées abruptes.
As montanhas guardavam o triste e solitário Norte com gelo e subidas íngremes.
Ils ont parcouru à bon rythme une longue chaîne de lacs en aval de la ligne de partage des eaux.
Eles percorreram em bom tempo uma longa cadeia de lagos abaixo da divisão.
Ces lacs remplissaient les anciens cratères de volcans éteints.
Esses lagos preenchiam as antigas crateras de vulcões extintos.
Tard dans la nuit, ils atteignirent un grand camp au bord du lac Bennett.
Mais tarde naquela noite, eles chegaram a um grande acampamento no Lago Bennett.
Des milliers de chercheurs d'or étaient là, construisant des bateaux pour le printemps.
Milhares de garimpeiros estavam lá, construindo barcos para a primavera.
La glace allait bientôt se briser et ils devaient être prêts.
O gelo iria quebrar em breve e eles tinham que estar preparados.
Buck creusa son trou dans la neige et tomba dans un profond sommeil.
Buck cavou seu buraco na neve e caiu em um sono profundo.
Il dormait comme un ouvrier, épuisé par une dure journée de travail.

Ele dormia como um trabalhador, exausto do duro dia de trabalho.

Mais trop tôt dans l'obscurité, il fut tiré de son sommeil.

Mas muito cedo na escuridão, ele foi arrancado do sono.

Il fut à nouveau attelé avec ses compagnons et attaché au traîneau.

Ele foi atrelado novamente aos seus companheiros e preso ao trenó.

Ce jour-là, ils ont parcouru quarante milles, car la neige était bien battue.

Naquele dia eles percorreram sessenta quilômetros, pois a neve estava bem batida.

Le lendemain, et pendant plusieurs jours après, la neige était molle.

No dia seguinte, e por muitos dias depois, a neve estava macia.

Ils ont dû faire le chemin eux-mêmes, en travaillant plus dur et en avançant plus lentement.

Eles tiveram que abrir o caminho sozinhos, trabalhando mais e indo mais devagar.

Habituellement, Perrault marchait devant l'équipe avec des raquettes palmées.

Normalmente, Perrault caminhava à frente da equipe com raquetes de neve com membranas.

Ses pas ont compacté la neige, facilitant ainsi le déplacement du traîneau.

Seus passos compactavam a neve, facilitando a movimentação do trenó.

François, qui dirigeait depuis le mât, prenait parfois le relais.

François, que comandava do outro lado do campo, às vezes assumia o comando.

Mais il était rare que François prenne les devants

Mas era raro que François assumisse a liderança

parce que Perrault était pressé de livrer les lettres et les colis.

porque Perrault estava com pressa para entregar as cartas e encomendas.

Perrault était fier de sa connaissance de la neige, et surtout de la glace.
Perrault tinha orgulho de seu conhecimento sobre neve, especialmente gelo.
Cette connaissance était essentielle, car la glace d'automne était dangereusement mince.
Esse conhecimento era essencial, porque o gelo do outono era perigosamente fino.
Là où l'eau coulait rapidement sous la surface, il n'y avait pas du tout de glace.
Onde a água fluía rapidamente abaixo da superfície, não havia gelo algum.

Jour après jour, la même routine se répétait sans fin.
Dia após dia, a mesma rotina se repetia sem fim.
Buck travaillait sans relâche sur les rênes, de l'aube jusqu'à la nuit.
Buck trabalhou incansavelmente nas rédeas, do amanhecer até a noite.
Ils quittèrent le camp dans l'obscurité, bien avant le lever du soleil.
Eles deixaram o acampamento no escuro, muito antes do sol nascer.
Au moment où le jour se leva, ils avaient déjà parcouru de nombreux kilomètres.
Quando o dia amanheceu, muitos quilômetros já haviam sido percorridos.
Ils ont installé leur campement après la tombée de la nuit, mangeant du poisson et creusant dans la neige.
Eles montaram acampamento depois de escurecer, comendo peixe e cavando na neve.
Buck avait toujours faim et n'était jamais vraiment satisfait de sa ration.
Buck estava sempre com fome e nunca ficava realmente satisfeito com sua ração.
Il recevait une livre et demie de saumon séché chaque jour.
Ele recebia meio quilo de salmão seco por dia.

Mais la nourriture semblait disparaître en lui, laissant la faim derrière elle.
Mas a comida parecia desaparecer dentro dele, deixando a fome para trás.
Il souffrait constamment de la faim et rêvait de plus de nourriture.
Ele sofria constantes pontadas de fome e sonhava com mais comida.
Les autres chiens n'ont pris qu'une livre, mais ils sont restés forts.
Os outros cães ganharam apenas meio quilo, mas permaneceram fortes.
Ils étaient plus petits et étaient nés dans le mode de vie du Nord.
Eles eram menores e tinham nascido na vida do norte.
Il perdit rapidement la méticulosité qui avait marqué son ancienne vie.
Ele rapidamente perdeu a meticulosidade que marcava sua antiga vida.
Il avait été un mangeur délicat, mais maintenant ce n'était plus possible.
Ele era um comilão delicado, mas agora isso não era mais possível.
Ses camarades ont terminé premiers et lui ont volé sa ration inachevée.
Seus companheiros terminaram primeiro e roubaram sua ração inacabada.
Une fois qu'ils ont commencé, il n'y avait aucun moyen de défendre sa nourriture contre eux.
Depois que eles começaram, não havia mais como defender sua comida deles.
Pendant qu'il combattait deux ou trois chiens, les autres volaient le reste.
Enquanto ele lutava contra dois ou três cães, os outros roubaram o resto.
Pour résoudre ce problème, il a commencé à manger aussi vite que les autres.

Para consertar isso, ele começou a comer tão rápido quanto os outros comiam.

La faim le poussait tellement qu'il prenait même de la nourriture qui n'était pas la sienne.

A fome o pressionava tanto que ele chegou a aceitar comida que não era sua.

Il observait les autres et apprenait rapidement de leurs actions.

Ele observou os outros e aprendeu rapidamente com suas ações.

Il a vu Pike, un nouveau chien, voler une tranche de bacon à Perrault.

Ele viu Pike, um cachorro novo, roubar uma fatia de bacon de Perrault.

Pike avait attendu que Perrault ait le dos tourné pour voler le bacon.

Pike esperou até que Perrault virasse as costas para roubar o bacon.

Le lendemain, Buck a copié Pike et a volé tout le morceau.

No dia seguinte, Buck copiou Pike e roubou o pedaço inteiro.

Un grand tumulte s'ensuivit, mais Buck ne fut pas suspecté.

Seguiu-se um grande alvoroço, mas Buck não foi suspeito.

Dub, un chien maladroit qui se faisait toujours prendre, a été puni à la place.

Dub, um cão desajeitado que sempre era pego, foi punido.

Ce premier vol a fait de Buck un chien apte à survivre dans le Nord.

Aquele primeiro roubo marcou Buck como um cão apto a sobreviver no Norte.

Il a montré qu'il pouvait s'adapter à de nouvelles conditions et apprendre rapidement.

Ele mostrou que conseguia se adaptar a novas condições e aprender rapidamente.

Sans une telle adaptabilité, il serait mort rapidement et gravement.

Sem essa adaptabilidade, ele teria morrido rápida e gravemente.

Cela a également marqué l'effondrement de sa nature morale et de ses valeurs passées.
Também marcou o colapso de sua natureza moral e valores passados.

Dans le Southland, il avait vécu sous la loi de l'amour et de la bonté.
Em Southland, ele viveu sob a lei do amor e da bondade.

Là, il était logique de respecter la propriété et les sentiments des autres chiens.
Ali fazia sentido respeitar a propriedade e os sentimentos dos outros cães.

Mais le Northland suivait la loi du gourdin et la loi du croc.
Mas a Terra do Norte seguiu a lei do porrete e a lei das presas.

Quiconque respectait les anciennes valeurs ici était stupide et échouerait.
Quem respeitasse os valores antigos aqui seria tolo e fracassaria.

Buck n'a pas réfléchi à tout cela dans son esprit.
Buck não pensou em tudo isso.

Il était en forme et s'est donc adapté sans avoir besoin de réfléchir.
Ele estava em forma e, por isso, se adaptou sem precisar pensar.

De toute sa vie, il n'avait jamais fui un combat.
Durante toda a sua vida, ele nunca fugiu de uma briga.

Mais la massue en bois de l'homme au pull rouge a changé cette règle.
Mas o porrete de madeira do homem do suéter vermelho mudou essa regra.

Il suivait désormais un code plus profond et plus ancien, inscrit dans son être.
Agora ele seguia um código mais antigo e profundo escrito em seu ser.

Il ne volait pas par plaisir, mais par faim.
Ele não roubava por prazer, mas pela dor da fome.

Il n'a jamais volé ouvertement, mais il a volé avec ruse et prudence.

Ele nunca roubou abertamente, mas roubou com astúcia e cuidado.
Il a agi par respect pour la massue en bois et par peur du croc.
Ele agiu por respeito ao porrete de madeira e medo da presa.
En bref, il a fait ce qui était plus facile et plus sûr que de ne pas le faire.
Resumindo, ele fez o que era mais fácil e seguro do que não fazer.
Son développement – ou peut-être son retour à ses anciens instincts – fut rapide.
Seu desenvolvimento — ou talvez seu retorno aos velhos instintos — foi rápido.
Ses muscles se durcirent jusqu'à devenir aussi forts que du fer.
Seus músculos endureceram até parecerem fortes como ferro.
Il ne se souciait plus de la douleur, à moins qu'elle ne soit grave.
Ele não se importava mais com a dor, a menos que fosse séria.
Il est devenu efficace à l'intérieur comme à l'extérieur, ne gaspillant rien du tout.
Ele se tornou eficiente por dentro e por fora, sem desperdiçar nada.
Il pouvait manger des choses viles, pourries ou difficiles à digérer.
Ele podia comer coisas horríveis, podres ou difíceis de digerir.
Quoi qu'il mange, son estomac utilisait jusqu'au dernier morceau de valeur.
Não importa o que ele comesse, seu estômago usava até a última gota de valor.
Son sang transportait les nutriments loin dans son corps puissant.
Seu sangue transportava os nutrientes por todo seu corpo poderoso.
Cela a créé des tissus solides qui lui ont donné une endurance incroyable.

Isso construiu tecidos fortes que lhe deram uma resistência incrível.

Sa vue et son odorat sont devenus beaucoup plus sensibles qu'avant.

Sua visão e olfato ficaram muito mais sensíveis do que antes.

Son ouïe est devenue si fine qu'il pouvait détecter des sons faibles pendant son sommeil.

Sua audição ficou tão aguçada que ele conseguia detectar sons fracos durante o sono.

Il savait dans ses rêves si les sons signifiaient sécurité ou danger.

Ele sabia em seus sonhos se os sons significavam segurança ou perigo.

Il a appris à mordre la glace entre ses orteils avec ses dents.

Ele aprendeu a morder o gelo entre os dedos dos pés com os dentes.

Si un point d'eau gelait, il brisait la glace avec ses jambes.

Se um poço de água congelasse, ele quebrava o gelo com as pernas.

Il se cabra et frappa violemment la glace avec ses membres antérieurs raides.

Ele se levantou e bateu com força no gelo com as patas dianteiras rígidas.

Sa capacité la plus frappante était de prédire les changements de vent pendant la nuit.

Sua habilidade mais impressionante era prever mudanças de vento durante a noite.

Même lorsque l'air était calme, il choisissait des endroits abrités du vent.

Mesmo quando o ar estava parado, ele escolhia lugares protegidos do vento.

Partout où il creusait son nid, le vent du lendemain le passait à côté de lui.

Onde quer que ele cavasse seu ninho, o vento do dia seguinte o ultrapassava.

Il finissait toujours par se blottir et se protéger, sous le vent.

Ele sempre acabava aconchegado e protegido, a sotavento da brisa.

Buck n'a pas seulement appris par l'expérience : son instinct est également revenu.
Buck não só aprendeu com a experiência — seus instintos também retornaram.

Les habitudes des générations domestiquées ont commencé à disparaître.
Os hábitos das gerações domesticadas começaram a desaparecer.

De manière vague, il se souvenait des temps anciens de sa race.
De forma vaga, ele se lembrava dos tempos antigos de sua raça.

Il repensa à l'époque où les chiens sauvages couraient en meute dans les forêts.
Ele se lembrou de quando os cães selvagens corriam em matilhas pelas florestas.

Ils avaient poursuivi et tué leur proie en la poursuivant.
Eles perseguiram e mataram suas presas enquanto as perseguiam.

Il était facile pour Buck d'apprendre à se battre avec force et rapidité.
Foi fácil para Buck aprender a lutar com força e velocidade.

Il utilisait des coupures, des entailles et des coups rapides, tout comme ses ancêtres.
Ele usava cortes, golpes e estalos rápidos, assim como seus ancestrais.

Ces ancêtres se sont réveillés en lui et ont réveillé sa nature sauvage.
Esses ancestrais se agitaram dentro dele e despertaram sua natureza selvagem.

Leurs anciennes compétences lui avaient été transmises par le sang.
Suas antigas habilidades foram passadas para ele através da linhagem.

Leurs tours étaient désormais à lui, sans besoin de pratique ni d'effort.
Os truques agora eram dele, sem necessidade de prática ou esforço.

Lors des nuits calmes et froides, Buck levait le nez et hurlait.
Nas noites calmas e frias, Buck levantava o nariz e uivava.

Il hurla longuement et profondément, comme le faisaient les loups autrefois.
Ele uivou longa e profundamente, como os lobos faziam há muito tempo.

À travers lui, ses ancêtres morts pointaient leur nez et hurlaient.
Através dele, seus ancestrais mortos apontavam seus narizes e uivavam.

Ils ont hurlé à travers les siècles avec sa voix et sa forme.
Eles uivaram através dos séculos em sua voz e forma.

Ses cadences étaient les leurs, de vieux cris qui parlaient de chagrin et de froid.
Suas cadências eram as deles, velhos gritos que falavam de tristeza e frio.

Ils chantaient l'obscurité, la faim et le sens de l'hiver.
Eles cantavam sobre escuridão, fome e o significado do inverno.

Buck a prouvé que la vie est façonnée par des forces qui nous dépassent.
Buck provou como a vida é moldada por forças além de si mesmo,

L'ancienne chanson s'éleva à travers Buck et s'empara de son âme.
a antiga canção surgiu através de Buck e tomou conta de sua alma.

Il s'est retrouvé parce que les hommes avaient trouvé de l'or dans le Nord.
Ele se encontrou porque os homens encontraram ouro no Norte.

Et il s'est retrouvé parce que Manuel, l'aide du jardinier, avait besoin d'argent.
E ele se viu porque Manuel, o ajudante do jardineiro, precisava de dinheiro.

La Bête Primordiale Dominante
A Besta Primordial Dominante

La bête primordiale dominante était aussi forte que jamais en Buck.
A besta primordial dominante estava tão forte quanto sempre em Buck.
Mais la bête primordiale dominante sommeillait en lui.
Mas a besta primordial dominante estava adormecida dentro dele.
La vie sur le sentier était dure, mais elle renforçait la bête qui sommeillait en Buck.
A vida na trilha foi dura, mas fortaleceu o animal dentro de Buck.
Secrètement, la bête devenait de plus en plus forte chaque jour.
Secretamente, a fera ficava mais forte a cada dia.
Mais cette croissance intérieure est restée cachée au monde extérieur.
Mas esse crescimento interior permaneceu oculto para o mundo exterior.
Une force primordiale, calme et tranquille, se construisait à l'intérieur de Buck.
Uma força primordial silenciosa e calma estava se formando dentro de Buck.
Une nouvelle ruse a donné à Buck l'équilibre, le calme, le contrôle et l'équilibre.
Uma nova astúcia deu a Buck equilíbrio, calma, controle e postura.
Buck s'est concentré sur son adaptation, sans jamais se sentir complètement détendu.
Buck se concentrou muito em se adaptar, sem nunca se sentir totalmente relaxado.
Il évitait les conflits, ne déclenchait jamais de bagarres et ne cherchait jamais les ennuis.
Ele evitava conflitos, nunca iniciava brigas nem procurava problemas.

Une réflexion lente et constante façonnait chaque mouvement de Buck.
Uma reflexão lenta e constante moldava cada movimento de Buck.
Il évitait les choix irréfléchis et les décisions soudaines et imprudentes.
Ele evitou escolhas precipitadas e decisões repentinas e imprudentes.
Bien que Buck détestait profondément Spitz, il ne lui montrait aucune agressivité.
Embora Buck odiasse Spitz profundamente, ele não demonstrou nenhuma agressividade.
Buck n'a jamais provoqué Spitz et a gardé ses actions contenues.
Buck nunca provocou Spitz e manteve suas ações contidas.
Spitz, de son côté, sentait le danger grandissant chez Buck.
Spitz, por outro lado, percebeu o perigo crescente em Buck.
Il considérait Buck comme une menace et un sérieux défi à son pouvoir.
Ele via Buck como uma ameaça e um sério desafio ao seu poder.
Il profitait de chaque occasion pour grogner et montrer ses dents acérées.
Ele aproveitou todas as oportunidades para rosnar e mostrar seus dentes afiados.
Il essayait de déclencher le combat mortel qui devait avoir lieu.
Ele estava tentando começar a luta mortal que estava por vir.
Au début du voyage, une bagarre a failli éclater entre eux.
No início da viagem, quase houve uma briga entre eles.
Mais un accident inattendu a empêché le combat d'avoir lieu.
Mas um acidente inesperado impediu que a luta acontecesse.
Ce soir-là, ils installèrent leur campement sur le lac Le Barge, extrêmement froid.
Naquela noite, eles montaram acampamento no frio congelante Lago Le Barge.

La neige tombait fort et le vent soufflait comme un couteau.
A neve caía forte e o vento cortava como uma faca.
La nuit était venue trop vite et l'obscurité les entourait.
A noite chegou rápido demais e a escuridão os cercava.
Ils n'auraient pas pu choisir un pire endroit pour se reposer.
Eles dificilmente poderiam ter escolhido um lugar pior para descansar.
Les chiens cherchaient désespérément un endroit où se coucher.
Os cães procuravam desesperadamente um lugar para se deitar.
Un haut mur de roche s'élevait abruptement derrière le petit groupe.
Uma alta parede de pedra erguia-se abruptamente atrás do pequeno grupo.
La tente avait été laissée à Dyea pour alléger la charge.
A tenda foi deixada em Dyea para aliviar a carga.
Ils n'avaient pas d'autre choix que d'allumer le feu sur la glace elle-même.
Eles não tiveram escolha a não ser fazer o fogo no próprio gelo.
Ils étendent leurs robes de nuit directement sur le lac gelé.
Eles estenderam seus robes de dormir diretamente sobre o lago congelado.
Quelques bâtons de bois flotté leur ont donné un peu de feu.
Alguns pedaços de madeira flutuante lhes deram um pouco de fogo.
Mais le feu s'est allumé sur la glace et a fondu à travers elle.
Mas o fogo foi construído no gelo e descongelado através dele.
Finalement, ils mangeaient leur dîner dans l'obscurité.
Por fim, eles estavam comendo o jantar no escuro.
Buck s'est recroquevillé près du rocher, à l'abri du vent froid.
Buck se aninhou ao lado da rocha, protegido do vento frio.
L'endroit était si chaud et sûr que Buck détestait déménager.
O lugar era tão quente e seguro que Buck odiava ter que se mudar.

Mais François avait réchauffé le poisson et distribuait les rations.
Mas François havia aquecido o peixe e estava distribuindo rações.
Buck finit de manger rapidement et retourna dans son lit.
Buck terminou de comer rapidamente e voltou para sua cama.
Mais Spitz était maintenant allongé là où Buck avait fait son lit.
Mas Spitz agora estava deitado onde Buck havia feito sua cama.
Un grognement sourd avertit Buck que Spitz refusait de bouger.
Um rosnado baixo avisou Buck que Spitz se recusava a se mover.
Jusqu'à présent, Buck avait évité ce combat avec Spitz.
Até agora, Buck havia evitado essa luta com Spitz.
Mais au plus profond de Buck, la bête s'est finalement libérée.
Mas bem no fundo, Buck, a fera finalmente se libertou.
Le vol de son lieu de couchage était trop difficile à tolérer.
O roubo do seu lugar de dormir era demais para tolerar.
Buck se lança sur Spitz, plein de colère et de rage.
Buck se lançou contra Spitz, cheio de raiva e fúria.
Jusqu'à présent, Spitz pensait que Buck n'était qu'un gros chien.
Até então Spitz pensava que Buck era apenas um cachorro grande.
Il ne pensait pas que Buck avait survécu grâce à son esprit.
Ele não achava que Buck tivesse sobrevivido por meio de seu espírito.
Il s'attendait à la peur et à la lâcheté, pas à la fureur et à la vengeance.
Ele esperava medo e covardia, não fúria e vingança.
François regarda les deux chiens sortir du nid en ruine.
François ficou olhando enquanto os dois cães saíam do ninho destruído.

Il comprit immédiatement ce qui avait déclenché cette lutte sauvage.
Ele entendeu imediatamente o que havia iniciado aquela luta selvagem.
« Aa-ah ! » s'écria François en soutien au chien brun.
"Aa-ah!" François gritou em apoio ao cão marrom.
« Frappez-le ! Par Dieu, punissez ce voleur sournois ! »
"Dê uma surra nele! Por Deus, castigue esse ladrãozinho!"
Spitz a montré une volonté égale et une impatience folle de se battre.
Spitz demonstrou igual prontidão e grande entusiasmo para lutar.
Il cria de rage tout en tournant rapidement en rond, cherchant une ouverture.
Ele gritou de raiva enquanto circulava rapidamente, procurando uma abertura.
Buck a montré la même soif de combat et la même prudence.
Buck demonstrou a mesma fome de luta e a mesma cautela.
Il a également encerclé son adversaire, essayant de prendre le dessus dans la bataille.
Ele também circulou seu oponente, tentando ganhar vantagem na batalha.
Puis quelque chose d'inattendu s'est produit et a tout changé.
Então algo inesperado aconteceu e mudou tudo.
Ce moment a retardé l'éventuelle lutte pour le leadership.
Aquele momento atrasou a eventual luta pela liderança.
De nombreux kilomètres de piste et de lutte attendaient encore avant la fin.
Ainda havia muitos quilômetros de trilha e luta pela frente antes do fim.
Perrault cria un juron tandis qu'une massue frappait un os.
Perrault gritou um palavrão quando um porrete bateu contra o osso.
Un cri aigu de douleur suivit, puis le chaos explosa tout autour.

Seguiu-se um grito agudo de dor, e então o caos explodiu por todo lado.

Des formes sombres se déplaçaient dans le camp ; des huskies sauvages, affamés et féroces.

Formas escuras se moviam no acampamento; huskies selvagens, famintos e ferozes.

Quatre ou cinq douzaines de huskies avaient reniflé le camp de loin.

Quatro ou cinco dúzias de huskies farejaram o acampamento de longe.

Ils s'étaient glissés discrètement pendant que les deux chiens se battaient à proximité.

Eles entraram silenciosamente enquanto os dois cães brigavam nas proximidades.

François et Perrault chargèrent en brandissant des massues sur les envahisseurs.

François e Perrault atacaram, brandindo cassetetes contra os invasores.

Les huskies affamés ont montré les dents et ont riposté avec frénésie.

Os huskies famintos mostraram os dentes e lutaram freneticamente.

L'odeur de la viande et du pain les avait chassés de toute peur.

O cheiro de carne e pão os fez superar todo o medo.

Perrault battait un chien qui avait enfoui sa tête dans la boîte à nourriture.

Perrault espancou um cachorro que havia enterrado a cabeça na caixa de larvas.

Le coup a été violent et la boîte s'est retournée, la nourriture s'est répandue.

O golpe foi forte, e a caixa virou, espalhando comida para fora.

En quelques secondes, une vingtaine de bêtes sauvages déchirèrent le pain et la viande.

Em segundos, vinte animais selvagens devoraram o pão e a carne.

Les gourdin masculins ont porté coup sur coup, mais aucun chien ne s'est détourné.
Os porretes dos homens desferiram golpe após golpe, mas nenhum cão se esquivou.
Ils hurlaient de douleur, mais se battaient jusqu'à ce qu'il ne reste plus de nourriture.
Eles uivaram de dor, mas lutaram até não restar mais comida.
Pendant ce temps, les chiens de traîneau avaient sauté de leurs lits enneigés.
Enquanto isso, os cães de trenó saltaram de suas camas cobertas de neve.
Ils ont été immédiatement attaqués par les huskies vicieux et affamés.
Eles foram imediatamente atacados pelos ferozes huskies famintos.
Buck n'avait jamais vu de créatures aussi sauvages et affamées auparavant.
Buck nunca tinha visto criaturas tão selvagens e famintas antes.
Leur peau pendait librement, cachant à peine leur squelette.
A pele deles estava solta, mal escondendo seus esqueletos.
Il y avait un feu dans leurs yeux, de faim et de folie
Havia um fogo em seus olhos, de fome e loucura
Il n'y avait aucun moyen de les arrêter, aucune résistance à leur ruée sauvage.
Não havia como detê-los; não havia como resistir ao seu avanço selvagem.
Les chiens de traîneau furent repoussés, pressés contre la paroi de la falaise.
Os cães de trenó foram empurrados para trás, pressionados contra a parede do penhasco.
Trois huskies ont attaqué Buck en même temps, déchirant sa chair.
Três huskies atacaram Buck ao mesmo tempo, rasgando sua carne.
Du sang coulait de sa tête et de ses épaules, là où il avait été coupé.

Sangue escorria de sua cabeça e ombros, onde ele havia sido cortado.
Le bruit remplissait le camp : grognements, cris et cris de douleur.
O barulho encheu o acampamento; rosnados, gritos e berros de dor.
Billee pleurait fort, comme d'habitude, prise dans la mêlée et la panique.
Billee chorou alto, como sempre, presa na confusão e no pânico.
Dave et Solleks se tenaient côte à côte, saignant mais provocants.
Dave e Solleks ficaram lado a lado, sangrando, mas desafiadores.
Joe s'est battu comme un démon, mordant tout ce qui s'approchait.
Joe lutava como um demônio, mordendo tudo que chegava perto.
Il a écrasé la jambe d'un husky d'un claquement brutal de ses mâchoires.
Ele esmagou a perna de um husky com um estalo brutal de suas mandíbulas.
Pike a sauté sur le husky blessé et lui a brisé le cou instantanément.
Pike pulou no husky ferido e quebrou seu pescoço instantaneamente.
Buck a attrapé un husky par la gorge et lui a déchiré la veine.
Buck agarrou um husky pelo pescoço e rasgou a veia.
Le sang gicla et le goût chaud poussa Buck dans une frénésie.
O sangue jorrou, e o gosto quente deixou Buck frenético.
Il s'est jeté sur un autre agresseur sans hésitation.
Ele se lançou contra outro agressor sem hesitar.
Au même moment, des dents acérées s'enfoncèrent dans la gorge de Buck.
No mesmo momento, dentes afiados cravaram-se na garganta de Buck.

Spitz avait frappé de côté, attaquant sans avertissement.
Spitz atacou de lado, sem aviso.
Perrault et François avaient vaincu les chiens en volant la nourriture.
Perrault e François derrotaram os cães que roubavam a comida.
Ils se sont alors précipités pour aider leurs chiens à repousser les attaquants.
Agora eles correram para ajudar seus cães a lutar contra os agressores.
Les chiens affamés se retirèrent tandis que les hommes brandissaient leurs gourdins.
Os cães famintos recuaram enquanto os homens brandiam seus porretes.
Buck s'est libéré de l'attaque, mais l'évasion a été brève.
Buck se libertou do ataque, mas a fuga foi breve.
Les hommes ont couru pour sauver leurs chiens, et les huskies ont de nouveau afflué.
Os homens correram para salvar seus cães, e os huskies atacaram novamente.
Billee, effrayé et courageux, sauta dans la meute de chiens.
Billee, assustado e corajoso, saltou para dentro da matilha de cães.
Mais il s'est alors enfui sur la glace, saisi de terreur et de panique.
Mas então ele fugiu pelo gelo, tomado pelo terror e pelo pânico.
Pike et Dub suivaient de près, courant pour sauver leur vie.
Pike e Dub seguiram logo atrás, correndo para salvar suas vidas.
Le reste de l'équipe s'est séparé et dispersé, les suivant.
O resto da equipe se dispersou e seguiu atrás deles.
Buck rassembla ses forces pour courir, mais vit alors un éclair.
Buck reuniu forças para correr, mas então viu um clarão.
Spitz s'est jeté sur le côté de Buck, essayant de le faire tomber au sol.

Spitz investiu contra Buck, tentando derrubá-lo no chão.
Sous cette foule de huskies, Buck n'aurait eu aucune échappatoire.
Sob aquela multidão de huskies, Buck não teria escapatória.
Mais Buck est resté ferme et s'est préparé au coup de Spitz.
Mas Buck permaneceu firme e se preparou para o golpe de Spitz.
Puis il s'est retourné et a couru sur la glace avec l'équipe en fuite.
Então ele se virou e correu para o gelo com o time em fuga.

Plus tard, les neuf chiens de traîneau se sont rassemblés à l'abri des bois.
Mais tarde, os nove cães de trenó se reuniram no abrigo da floresta.
Personne ne les poursuivait plus, mais ils étaient battus et blessés.
Ninguém mais os perseguia, mas eles estavam machucados e feridos.
Chaque chien avait des blessures ; quatre ou cinq coupures profondes sur chaque corps.
Cada cão tinha feridas; quatro ou cinco cortes profundos em cada corpo.
Dub avait une patte arrière blessée et avait du mal à marcher maintenant.
Dub machucou uma pata traseira e agora tem dificuldade para andar.
Dolly, le nouveau chien de Dyea, avait la gorge tranchée.
Dolly, a cadela mais nova de Dyea, tinha a garganta cortada.
Joe avait perdu un œil et l'oreille de Billee était coupée en morceaux
Joe perdeu um olho e a orelha de Billee foi cortada em pedaços
Tous les chiens ont crié de douleur et de défaite toute la nuit.
Todos os cães choraram de dor e derrota durante a noite.
À l'aube, ils retournèrent au camp, endoloris et brisés.

Ao amanhecer, eles retornaram ao acampamento, doloridos e machucados.
Les huskies avaient disparu, mais le mal était fait.
Os huskies tinham desaparecido, mas o estrago já estava feito.
Perrault et François étaient de mauvaise humeur à cause de la ruine.
Perrault e François ficaram de mau humor diante das ruínas.
La moitié de la nourriture avait disparu, volée par les voleurs affamés.
Metade da comida havia sumido, roubada pelos ladrões famintos.
Les huskies avaient déchiré les fixations et la toile du traîneau.
Os huskies rasgaram as amarrações do trenó e a lona.
Tout ce qui avait une odeur de nourriture avait été complètement dévoré.
Qualquer coisa com cheiro de comida foi devorada completamente.
Ils ont mangé une paire de bottes de voyage en peau d'élan de Perrault.
Eles comeram um par de botas de viagem de couro de alce de Perrault.
Ils ont mâché des reis en cuir et ruiné des sangles au point de les rendre inutilisables.
Eles mastigavam correias de couro e estragavam tiras, deixando-as inutilizáveis.
François cessa de fixer le fouet déchiré pour vérifier les chiens.
François parou de olhar para o chicote rasgado para verificar os cães.
« Ah, mes amis », dit-il d'une voix basse et pleine d'inquiétude.
"Ah, meus amigos", disse ele, com a voz baixa e cheia de preocupação.
« Peut-être que toutes ces morsures vous transformeront en bêtes folles. »

"Talvez todas essas mordidas transformem vocês em feras furiosas."
« Peut-être que ce sont tous des chiens enragés, sacredam ! Qu'en penses-tu, Perrault ? »
"Talvez todos os cães loucos, sacana! O que você acha, Perrault?"
Perrault secoua la tête, les yeux sombres d'inquiétude et de peur.
Perrault balançou a cabeça, com os olhos escuros de preocupação e medo.
Il y avait encore quatre cents milles entre eux et Dawson.
Ainda havia seiscentos quilômetros entre eles e Dawson.
La folie canine pourrait désormais détruire toute chance de survie.
A loucura canina agora pode destruir qualquer chance de sobrevivência.
Ils ont passé deux heures à jurer et à essayer de réparer le matériel.
Eles passaram duas horas xingando e tentando consertar o equipamento.
L'équipe blessée a finalement quitté le camp, brisée et vaincue.
A equipe ferida finalmente deixou o acampamento, destruída e derrotada.
C'était le sentier le plus difficile jusqu'à présent, et chaque pas était douloureux.
Essa foi a trilha mais difícil até agora, e cada passo foi doloroso.
La rivière Thirty Mile n'était pas gelée et coulait à flots.
O Rio Thirty Mile não havia congelado e estava correndo descontroladamente.
Ce n'est que dans les endroits calmes et les tourbillons que la glace parvenait à tenir.
Somente em locais calmos e redemoinhos o gelo conseguiu se manter.
Six jours de dur labeur se sont écoulés jusqu'à ce que les trente milles soient parcourus.

Seis dias de trabalho duro se passaram até que os 48 quilômetros fossem percorridos.
Chaque kilomètre parcouru sur le sentier apportait du danger et une menace de mort.
Cada quilômetro da trilha trazia perigo e ameaça de morte.
Les hommes et les chiens risquaient leur vie à chaque pas douloureux.
Os homens e os cães arriscavam suas vidas a cada passo doloroso.
Perrault a franchi des ponts de glace minces à une douzaine de reprises.
Perrault rompeu finas pontes de gelo uma dúzia de vezes diferentes.
Il portait une perche et la laissait tomber sur le trou que son corps avait fait.
Ele carregou uma vara e a deixou cair sobre o buraco que seu corpo fez.
Plus d'une fois, ce poteau a sauvé Perrault de la noyade.
Mais de uma vez aquele poste salvou Perrault de se afogar.
La vague de froid persistait, l'air était à cinquante degrés en dessous de zéro.
A onda de frio se manteve firme, o ar estava cinquenta graus abaixo de zero.
Chaque fois qu'il tombait, Perrault devait allumer un feu pour survivre.
Toda vez que caía, Perrault tinha que acender uma fogueira para sobreviver.
Les vêtements mouillés gelaient rapidement, alors il les séchait près d'une source de chaleur intense.
Roupas molhadas congelavam rápido, então ele as secava perto do calor escaldante.
Aucune peur n'a jamais touché Perrault, et cela a fait de lui un courrier.
Nenhum medo jamais tocou Perrault, e isso fez dele um mensageiro.
Il a été choisi pour le danger, et il l'a affronté avec une résolution tranquille.

Ele foi escolhido para o perigo e o enfrentou com uma resolução silenciosa.
Il s'avança face au vent, son visage ratatiné et gelé.
Ele seguiu em frente em direção ao vento, com o rosto enrugado e congelado.
De l'aube naissante à la tombée de la nuit, Perrault les mena en avant.
Do amanhecer ao anoitecer, Perrault os guiou adiante.
Il marchait sur une étroite bordure de glace qui se fissurait à chaque pas.
Ele andou sobre uma estreita camada de gelo que rachava a cada passo.
Ils n'osaient pas s'arrêter : chaque pause risquait de provoquer un effondrement mortel.
Eles não ousaram parar — cada pausa representava o risco de um colapso mortal.
Un jour, le traîneau s'est brisé, entraînant Dave et Buck à l'intérieur.
Uma vez o trenó atravessou, puxando Dave e Buck para dentro.
Au moment où ils ont été libérés, tous deux étaient presque gelés.
Quando foram libertados, ambos estavam quase congelados.
Les hommes ont rapidement allumé un feu pour garder Buck et Dave en vie.
Os homens fizeram uma fogueira rapidamente para manter Buck e Dave vivos.
Les chiens étaient recouverts de glace du nez à la queue, raides comme du bois sculpté.
Os cães estavam cobertos de gelo do focinho ao rabo, rígidos como madeira entalhada.
Les hommes les faisaient courir en rond près du feu pour décongeler leurs corps.
Os homens os faziam correr em círculos perto do fogo para descongelar seus corpos.
Ils se sont approchés si près des flammes que leur fourrure a été brûlée.

Eles chegaram tão perto das chamas que seus pelos ficaram chamuscados.

Spitz a ensuite brisé la glace, entraînant l'équipe derrière lui.
Spitz foi o próximo a romper o gelo, arrastando a equipe atrás dele.

La cassure s'est étendue jusqu'à l'endroit où Buck tirait.
A ruptura chegou até onde Buck estava puxando.

Buck se pencha en arrière, ses pattes glissant et tremblant sur le bord.
Buck se inclinou para trás com força, as patas escorregando e tremendo na borda.

Dave a également tendu vers l'arrière, juste derrière Buck sur la ligne.
Dave também se esticou para trás, logo atrás de Buck na linha.

François tirait sur le traîneau, ses muscles craquant sous l'effort.
François puxou o trenó, seus músculos estalando com o esforço.

Une autre fois, la glace du bord s'est fissurée devant et derrière le traîneau.
Em outra ocasião, o gelo da borda rachou antes e atrás do trenó.

Ils n'avaient d'autre issue que d'escalader une paroi rocheuse gelée.
Eles não tinham outra saída a não ser escalar uma parede congelada do penhasco.

Perrault a réussi à escalader le mur, mais un miracle l'a maintenu en vie.
De alguma forma, Perrault escalou o muro; um milagre o manteve vivo.

François resta en bas, priant pour avoir le même genre de chance.
François ficou lá embaixo, rezando pelo mesmo tipo de sorte.

Ils ont attaché chaque sangle, chaque amarrage et chaque traçage en une seule longue corde.
Eles amarraram cada tira, amarração e traço em uma corda longa.

Les hommes ont hissé chaque chien, un par un, jusqu'au sommet.
Os homens puxaram cada cachorro, um de cada vez, até o topo.

François est monté en dernier, après le traîneau et toute la charge.
François subiu por último, depois do trenó e de toda a carga.

Commença alors une longue recherche d'un chemin pour descendre des falaises.
Então começou uma longa busca por um caminho descendo dos penhascos.

Ils sont finalement descendus en utilisant la même corde qu'ils avaient fabriquée.
Eles finalmente desceram usando a mesma corda que tinham feito.

La nuit tombait alors qu'ils retournaient au lit de la rivière, épuisés et endoloris.
A noite caiu quando eles retornaram ao leito do rio, exaustos e doloridos.

La journée entière ne leur avait permis de gagner qu'un quart de mile.
O dia inteiro lhes rendeu apenas um quarto de milha de ganho.

Au moment où ils atteignirent le Hootalinqua, Buck était épuisé.
Quando chegaram ao Hootalinqua, Buck estava exausto.

Les autres chiens ont tout autant souffert des conditions du sentier.
Os outros cães também sofreram muito com as condições da trilha.

Mais Perrault avait besoin de récupérer du temps et les poussait chaque jour.
Mas Perrault precisava recuperar tempo e os pressionava a cada dia.

Le premier jour, ils ont parcouru trente miles jusqu'à Big Salmon.
No primeiro dia, eles viajaram 48 quilômetros até Big Salmon.

Le lendemain, ils parcoururent trente-cinq milles jusqu'à Little Salmon.
No dia seguinte, eles viajaram 56 quilômetros até Little Salmon.
Le troisième jour, ils ont parcouru quarante longs kilomètres gelés.
No terceiro dia, eles avançaram por 64 quilômetros congelados.
À ce moment-là, ils approchaient de la colonie de Five Fingers.
Naquela altura, eles estavam se aproximando do assentamento de Five Fingers.

Les pieds de Buck étaient plus doux que les pieds durs des huskies indigènes.
Os pés de Buck eram mais macios que os pés duros dos huskies nativos.
Ses pattes étaient devenues plus fragiles au fil des générations civilisées.
Suas patas ficaram macias ao longo de muitas gerações civilizadas.
Il y a longtemps, ses ancêtres avaient été apprivoisés par des hommes de la rivière ou des chasseurs.
Há muito tempo, seus ancestrais foram domesticados por homens do rio ou caçadores.
Chaque jour, Buck boitait de douleur, marchant sur des pattes à vif et douloureuses.
Todos os dias Buck mancava de dor, caminhando com as patas doloridas e em carne viva.
Au camp, Buck tomba comme une forme sans vie sur la neige.
No acampamento, Buck caiu como uma forma sem vida na neve.
Bien qu'affamé, Buck ne s'est pas levé pour manger son repas du soir.
Embora faminto, Buck não se levantou para jantar.

François apporta sa ration à Buck, en déposant du poisson près de son museau.
François levou a ração para Buck, colocando peixes perto do seu focinho.
Chaque nuit, le chauffeur frottait les pieds de Buck pendant une demi-heure.
Todas as noites o motorista massageava os pés de Buck por meia hora.
François a même découpé ses propres mocassins pour en faire des chaussures pour chiens.
François até cortou seus próprios mocassins para fazer calçados para cães.
Quatre chaussures chaudes ont apporté à Buck un grand et bienvenu soulagement.
Quatro sapatos quentes deram a Buck um grande e bem-vindo alívio.
Un matin, François oublia ses chaussures et Buck refusa de se lever.
Certa manhã, François esqueceu os sapatos, e Buck se recusou a se levantar.
Buck était allongé sur le dos, les pieds en l'air, les agitant pitoyablement.
Buck estava deitado de costas, com os pés no ar, balançando-os lamentavelmente.
Même Perrault sourit à la vue de l'appel dramatique de Buck.
Até Perrault sorriu ao ver o apelo dramático de Buck.
Bientôt, les pieds de Buck devinrent durs et les chaussures purent être jetées.
Logo os pés de Buck ficaram duros e os sapatos puderam ser descartados.
À Pelly, pendant le temps du harnais, Dolly laissait échapper un hurlement épouvantable.
Em Pelly, na hora de usar os arreios, Dolly soltou um uivo terrível.
Le cri était long et rempli de folie, secouant chaque chien.

O grito era longo e cheio de loucura, fazendo todos os cães tremerem.
Chaque chien se hérissait de peur sans en connaître la raison.
Cada cão se arrepiou de medo sem saber o motivo.
Dolly était devenue folle et s'était jetée directement sur Buck.
Dolly enlouqueceu e se jogou direto em Buck.
Buck n'avait jamais vu la folie, mais l'horreur remplissait son cœur.
Buck nunca tinha visto loucura, mas o horror enchia seu coração.
Sans réfléchir, il se retourna et s'enfuit, complètement paniqué.
Sem pensar, ele se virou e fugiu em pânico absoluto.
Dolly le poursuivit, les yeux fous, la salive s'échappant de ses mâchoires.
Dolly o perseguiu, com os olhos arregalados e a saliva voando de sua mandíbula.
Elle est restée juste derrière Buck, sans jamais gagner ni reculer.
Ela continuou logo atrás de Buck, sem nunca ganhar terreno e sem nunca recuar.
Buck courut à travers les bois, le long de l'île, sur de la glace déchiquetée.
Buck correu pela floresta, pela ilha, atravessando gelo irregular.
Il traversa vers une île, puis une autre, revenant vers la rivière.
Ele cruzou até uma ilha, depois outra, e voltou para o rio.
Dolly le poursuivait toujours, son grognement le suivant de près à chaque pas.
Dolly ainda o perseguia, rosnando logo atrás a cada passo.
Buck pouvait entendre son souffle et sa rage, même s'il n'osait pas regarder en arrière.
Buck podia ouvir sua respiração e raiva, embora não ousasse olhar para trás.

François cria de loin, et Buck se tourna vers la voix.
François gritou de longe, e Buck se virou na direção da voz.
Encore à bout de souffle, Buck courut, plaçant tout espoir en François.
Ainda ofegante, Buck passou correndo, depositando toda a esperança em François.
Le conducteur du chien leva une hache et attendit que Buck passe à toute vitesse.
O condutor do cão ergueu um machado e esperou enquanto Buck passava voando.
La hache s'abattit rapidement et frappa la tête de Dolly avec une force mortelle.
O machado desceu rapidamente e atingiu a cabeça de Dolly com força mortal.
Buck s'est effondré près du traîneau, essoufflé et incapable de bouger.
Buck caiu perto do trenó, ofegante e incapaz de se mover.
Ce moment a donné à Spitz l'occasion de frapper un ennemi épuisé.
Aquele momento deu a Spitz a chance de atacar um inimigo exausto.
Il a mordu Buck à deux reprises, déchirant la chair jusqu'à l'os blanc.
Ele mordeu Buck duas vezes, rasgando a carne até o osso branco.
Le fouet de François claqua, frappant Spitz avec toute sa force et sa fureur.
O chicote de François estalou, atingindo Spitz com força total e furiosa.
Buck regarda avec joie Spitz recevoir sa raclée la plus dure jusqu'à présent.
Buck observou com alegria Spitz receber sua surra mais dura até então.
« C'est un diable, ce Spitz », murmura sombrement Perrault pour lui-même.
"Aquele Spitz é um demônio", murmurou Perrault sombriamente para si mesmo.

« Un jour prochain, ce maudit chien tuera Buck, je le jure. »

"Em breve, aquele cão amaldiçoado matará Buck, eu juro."

« Ce Buck a deux démons en lui », répondit François en hochant la tête.

"Aquele Buck tem dois demônios dentro dele", respondeu François com um aceno de cabeça.

« Quand je regarde Buck, je sais que quelque chose de féroce l'attend. »

"Quando observo Buck, sei que algo feroz o aguarda."

« Un jour, il deviendra fou comme le feu et mettra Spitz en pièces. »

"Um dia, ele ficará furioso e destruirá o Spitz."

« Il va mâcher ce chien et le recracher sur la neige gelée. »

"Ele vai mastigar aquele cachorro e cuspi-lo na neve congelada."

« Bien sûr que non, je le sais au plus profond de moi. »

"Com certeza, eu sei disso no fundo da minha alma."

À partir de ce moment-là, les deux chiens étaient engagés dans une guerre.

Daquele momento em diante, os dois cães estavam em guerra.

Spitz a dirigé l'équipe et a conservé le pouvoir, mais Buck a contesté cela.

Spitz liderou a equipe e deteve o poder, mas Buck desafiou isso.

Spitz a vu son rang menacé par cet étrange étranger du Sud.

Spitz viu sua posição ameaçada por esse estranho estranho de Southland.

Buck ne ressemblait à aucun autre chien du sud que Spitz avait connu auparavant.

Buck era diferente de qualquer cão sulista que Spitz já tivesse conhecido.

La plupart d'entre eux ont échoué, trop faibles pour survivre au froid et à la faim.

A maioria deles falhou — estavam fracos demais para sobreviver ao frio e à fome.

Ils sont morts rapidement à cause du travail, du gel et de la lenteur de la famine.

Eles morreram rapidamente devido ao trabalho, à geada e à lenta queima da fome.

Buck se démarquait : plus fort, plus intelligent et plus sauvage chaque jour.
Buck se destacou — a cada dia mais forte, mais inteligente e mais selvagem.

Il a prospéré dans les difficultés, grandissant jusqu'à égaler les huskies du Nord.
Ele prosperou nas dificuldades e cresceu para se igualar aos huskies do norte.

Buck avait de la force, une habileté sauvage et un instinct patient et mortel.
Buck tinha força, habilidade selvagem e um instinto paciente e mortal.

L'homme avec la massue avait fait perdre à Buck toute témérité.
O homem com o porrete havia espancado Buck até que ele perdesse a precipitação.

La fureur aveugle avait disparu, remplacée par une ruse silencieuse et un contrôle.
A fúria cega desapareceu, substituída por astúcia silenciosa e controle.

Il attendait, calme et primitif, guettant le bon moment.
Ele esperou, calmo e primitivo, observando o momento certo.

Leur lutte pour le commandement est devenue inévitable et claire.
A luta pelo comando tornou-se inevitável e clara.

Buck désirait être un leader parce que son esprit l'exigeait.
Buck desejava liderança porque seu espírito exigia isso.

Il était poussé par l'étrange fierté née du sentier et du harnais.
Ele era movido pelo estranho orgulho nascido da caça e dos arreios.

Cette fierté a poussé les chiens à tirer jusqu'à ce qu'ils s'effondrent sur la neige.
Esse orgulho fez os cães puxarem até desabarem na neve.

L'orgueil les a poussés à donner toute la force qu'ils avaient.

O orgulho os levou a dar toda a força que tinham.
L'orgueil peut attirer un chien de traîneau jusqu'à la mort.
O orgulho pode atrair um cão de trenó até mesmo à morte.
La perte du harnais a laissé les chiens brisés et sans but.
Perder o arreio deixou os cães quebrados e sem propósito.
Le cœur d'un chien de traîneau peut être brisé par la honte lorsqu'il prend sa retraite.
O coração de um cão de trenó pode ser esmagado pela vergonha quando ele se aposenta.
Dave vivait avec cette fierté alors qu'il tirait le traîneau par derrière.
Dave viveu com esse orgulho enquanto arrastava o trenó por trás.
Solleks, lui aussi, a tout donné avec une force et une loyauté redoutables.
Solleks também deu tudo de si com força e lealdade.
Chaque matin, l'orgueil les faisait passer de l'amertume à la détermination.
A cada manhã, o orgulho os transformava de amargos em determinados.
Ils ont poussé toute la journée, puis sont restés silencieux à la fin du camp.
Eles insistiram o dia todo e depois ficaram em silêncio no final do acampamento.
Cette fierté a donné à Spitz la force de battre les tire-au-flanc.
Esse orgulho deu a Spitz a força para colocar os preguiçosos na linha.
Spitz craignait Buck parce que Buck portait cette même fierté profonde.
Spitz temia Buck porque ele carregava o mesmo orgulho profundo.
L'orgueil de Buck s'est alors retourné contre Spitz, et il ne s'est pas arrêté.
O orgulho de Buck agora se voltou contra Spitz, e ele não parou.

Buck a défié le pouvoir de Spitz et l'a empêché de punir les chiens.
Buck desafiou o poder de Spitz e o impediu de punir cães.
Lorsque les autres échouaient, Buck s'interposait entre eux et leur chef.
Quando outros falharam, Buck se colocou entre eles e seu líder.
Il l'a fait intentionnellement, en rendant son défi ouvert et clair.
Ele fez isso com intenção, deixando seu desafio aberto e claro.
Une nuit, une forte neige a recouvert le monde d'un profond silence.
Certa noite, uma forte neve cobriu o mundo em profundo silêncio.
Le lendemain matin, Pike, paresseux comme toujours, ne se leva pas pour aller travailler.
Na manhã seguinte, Pike, preguiçoso como sempre, não se levantou para trabalhar.
Il est resté caché dans son nid sous une épaisse couche de neige.
Ele ficou escondido em seu ninho, sob uma espessa camada de neve.
François a appelé et cherché, mais n'a pas pu trouver le chien.
François gritou e procurou, mas não conseguiu encontrar o cachorro.
Spitz devint furieux et se précipita à travers le camp couvert de neige.
Spitz ficou furioso e invadiu o acampamento coberto de neve.
Il grogna et renifla, creusant frénétiquement avec des yeux flamboyants.
Ele rosnou e cheirou, cavando loucamente com olhos brilhantes.
Sa rage était si féroce que Pike tremblait sous la neige de peur.
Sua raiva era tão intensa que Pike tremeu de medo sob a neve.

Lorsque Pike fut finalement retrouvé, Spitz se précipita pour punir le chien qui se cachait.
Quando Pike foi finalmente encontrado, Spitz investiu para punir o cão escondido.
Mais Buck s'est précipité entre eux avec une fureur égale à celle de Spitz.
Mas Buck saltou entre eles com uma fúria igual à do próprio Spitz.
L'attaque fut si soudaine et intelligente que Spitz tomba.
O ataque foi tão repentino e inteligente que Spitz caiu.
Pike, qui tremblait, puisa du courage dans ce défi.
Pike, que estava tremendo, ganhou coragem com esse desafio.
Il sauta sur le Spitz tombé, suivant l'exemple audacieux de Buck.
Ele saltou sobre o Spitz caído, seguindo o exemplo ousado de Buck.
Buck, n'étant plus tenu par l'équité, a rejoint la grève contre Spitz.
Buck, não mais limitado pela justiça, juntou-se à greve em Spitz.
François, amusé mais ferme dans sa discipline, balançait son lourd fouet.
François, divertido mas firme na disciplina, brandiu seu pesado chicote.
Il frappa Buck de toutes ses forces pour mettre fin au combat.
Ele atingiu Buck com toda a sua força para separar a briga.
Buck a refusé de bouger et est resté au sommet du chef tombé.
Buck se recusou a se mover e permaneceu em cima do líder caído.
François a ensuite utilisé le manche du fouet, frappant Buck durement.
François então usou o cabo do chicote, atingindo Buck com força.
Titubant sous le coup, Buck recula sous l'assaut.

Cambaleando devido ao golpe, Buck caiu para trás sob o ataque.
François frappait encore et encore tandis que Spitz punissait Pike.
François atacou repetidamente enquanto Spitz punia Pike.

Les jours passèrent et Dawson City se rapprocha de plus en plus.
Os dias se passaram e Dawson City ficou cada vez mais próxima.
Buck n'arrêtait pas d'intervenir, se glissant entre le Spitz et les autres chiens.
Buck continuou interferindo, se escondendo entre Spitz e outros cães.
Il choisissait bien ses moments, attendant toujours que François parte.
Ele escolheu bem seus momentos, sempre esperando François ir embora.
La rébellion silencieuse de Buck s'est propagée et le désordre a pris racine dans l'équipe.
A rebelião silenciosa de Buck se espalhou e a desordem criou raízes na equipe.
Dave et Solleks sont restés fidèles, mais d'autres sont devenus indisciplinés.
Dave e Solleks permaneceram leais, mas outros se tornaram indisciplinados.
L'équipe est devenue de plus en plus agitée, querelleuse et hors de propos.
A equipe piorou: ficou inquieta, briguenta e fora da linha.
Plus rien ne fonctionnait correctement et les bagarres devenaient courantes.
Nada mais funcionava bem e as brigas se tornaram comuns.
Buck est resté au cœur des troubles, provoquant toujours des troubles.
Buck permaneceu no centro dos problemas, sempre provocando inquietação.

François restait vigilant, effrayé par le combat entre Buck et Spitz.
François permaneceu alerta, com medo da briga entre Buck e Spitz.
Chaque nuit, des bagarres le réveillaient, craignant que le commencement n'arrive enfin.
Todas as noites, brigas o acordavam, temendo que o começo finalmente chegasse.
Il sauta de sa robe, prêt à mettre fin au combat.
Ele saltou do manto, pronto para interromper a briga.
Mais le moment n'arriva jamais et ils atteignirent finalement Dawson.
Mas o momento nunca chegou, e eles finalmente chegaram a Dawson.
L'équipe est entrée dans la ville un après-midi sombre, tendu et calme.
A equipe entrou na cidade em uma tarde sombria, tensa e silenciosa.
La grande bataille pour le leadership était encore en suspens dans l'air glacial.
A grande batalha pela liderança ainda pairava no ar congelado.
Dawson était rempli d'hommes et de chiens de traîneau, tous occupés à travailler.
Dawson estava cheia de homens e cães de trenó, todos ocupados com o trabalho.
Buck regardait les chiens tirer des charges du matin au soir.
Buck observou os cães puxando cargas da manhã até a noite.
Ils transportaient des bûches et du bois de chauffage et acheminaient des fournitures vers les mines.
Eles transportavam toras e lenha, e transportavam suprimentos para as minas.
Là où les chevaux travaillaient autrefois dans le Southland, les chiens travaillent désormais.
Onde antes os cavalos trabalhavam no Sul, agora os cães trabalhavam duro.

Buck a vu quelques chiens du Sud, mais la plupart étaient des huskies ressemblant à des loups.

Buck viu alguns cães do Sul, mas a maioria eram huskies parecidos com lobos.

La nuit, comme une horloge, les chiens élevaient la voix pour chanter.

À noite, como um relógio, os cães levantavam suas vozes em canção.

À neuf heures, à minuit et à nouveau à trois heures, les chants ont commencé.

Às nove, à meia-noite e novamente às três, o canto começou.

Buck aimait se joindre à leur chant étrange, au son sauvage et ancien.

Buck adorava se juntar ao canto misterioso deles, selvagem e antigo.

Les aurores boréales flamboyaient, les étoiles dansaient et la neige recouvrait le pays.

A aurora brilhava, as estrelas dançavam e a neve cobria a terra.

Le chant des chiens s'éleva comme un cri contre le silence et le froid glacial.

O canto dos cães surgiu como um grito contra o silêncio e o frio intenso.

Mais leur hurlement contenait de la tristesse, et non du défi, dans chaque longue note.

Mas seu uivo continha tristeza, não desafio, em cada nota longa.

Chaque cri plaintif était plein de supplications, le fardeau de la vie elle-même.

Cada grito lamentoso era cheio de súplica; o fardo da própria vida.

Cette chanson était vieille, plus vieille que les villes et plus vieille que les incendies.

Aquela canção era velha - mais velha que cidades e mais velha que incêndios

Cette chanson était encore plus ancienne que les voix des hommes.

Aquela canção era ainda mais antiga que as vozes dos homens.
C'était une chanson du monde des jeunes, quand toutes les chansons étaient tristes.
Era uma canção do mundo jovem, quando todas as canções eram tristes.
La chanson portait la tristesse d'innombrables générations de chiens.
A canção carregava a tristeza de inúmeras gerações de cães.
Buck ressentait profondément la mélodie, gémissant de douleur enracinée dans les âges.
Buck sentiu a melodia profundamente, gemendo de dor enraizada há séculos.
Il sanglotait d'un chagrin aussi vieux que le sang sauvage dans ses veines.
Ele soluçou de uma dor tão antiga quanto o sangue selvagem em suas veias.
Le froid, l'obscurité et le mystère ont touché l'âme de Buck.
O frio, a escuridão e o mistério tocaram a alma de Buck.
Cette chanson prouvait à quel point Buck était revenu à ses origines.
Aquela música provou o quanto Buck havia retornado às suas origens.
À travers la neige et les hurlements, il avait trouvé le début de sa propre vie.
Através da neve e dos uivos ele encontrou o começo de sua própria vida.

Sept jours après leur arrivée à Dawson, ils repartent.
Sete dias depois de chegarem a Dawson, eles partiram novamente.
L'équipe est descendue de la caserne jusqu'au sentier du Yukon.
A equipe saiu do Quartel e foi até a Trilha Yukon.
Ils ont commencé le voyage de retour vers Dyea et Salt Water.
Eles começaram a jornada de volta para Dyea e Salt Water.

Perrault portait des dépêches encore plus urgentes qu'auparavant.
Perrault transmitiu despachos ainda mais urgentes do que antes.
Il était également saisi par la fierté du sentier et avait pour objectif d'établir un record.
Ele também foi tomado pelo orgulho das trilhas e queria estabelecer um recorde.
Cette fois, plusieurs avantages étaient du côté de Perrault.
Desta vez, várias vantagens estavam do lado de Perrault.
Les chiens s'étaient reposés pendant une semaine entière et avaient repris des forces.
Os cães descansaram por uma semana inteira e recuperaram suas forças.
Le sentier qu'ils avaient ouvert était maintenant damé par d'autres.
A trilha que eles haviam aberto agora estava compactada por outros.
À certains endroits, la police avait stocké de la nourriture pour les chiens et les hommes.
Em alguns lugares, a polícia havia armazenado comida para cães e homens.
Perrault voyageait léger, se déplaçait rapidement et n'avait pas grand-chose pour l'alourdir.
Perrault viajava com pouca bagagem, movendo-se rápido e com pouco peso para sobrecarregá-lo.
Ils ont atteint Sixty-Mile, une course de cinquante milles, dès la première nuit.
Eles chegaram a Sixty-Mile, uma corrida de oitenta quilômetros, na primeira noite.
Le deuxième jour, ils se sont précipités sur le Yukon en direction de Pelly.
No segundo dia, eles subiram o Yukon em direção a Pelly.
Mais ces beaux progrès ont été accompagnés de beaucoup de difficultés pour François.
Mas esse bom progresso trouxe muita tensão para François.

La rébellion silencieuse de Buck avait brisé la discipline de l'équipe.
A rebelião silenciosa de Buck destruiu a disciplina da equipe.
Ils ne se rassemblaient plus comme une seule bête dans les rênes.
Eles não se uniam mais como uma só fera nas rédeas.
Buck avait conduit d'autres personnes à la défiance par son exemple audacieux.
Buck levou outros à rebeldia por meio de seu exemplo ousado.
L'ordre de Spitz n'a plus été accueilli avec crainte ou respect.
O comando de Spitz não era mais recebido com medo ou respeito.
Les autres ont perdu leur respect pour lui et ont osé résister à son règne.
Os outros perderam o temor por ele e ousaram resistir ao seu governo.
Une nuit, Pike a volé la moitié d'un poisson et l'a mangé sous les yeux de Buck.
Certa noite, Pike roubou metade de um peixe e o comeu sob os olhos de Buck.
Une autre nuit, Dub et Joe se sont battus contre Spitz et sont restés impunis.
Em outra noite, Dub e Joe lutaram contra Spitz e saíram impunes.
Même Billee gémissait moins doucement et montrait une nouvelle vivacité.
Até Billee choramingou menos docemente e demonstrou uma nova aspereza.
Buck grognait sur Spitz à chaque fois qu'ils se croisaient.
Buck rosnava para Spitz toda vez que seus caminhos se cruzavam.
L'attitude de Buck devint audacieuse et menaçante, presque comme celle d'un tyran.
A atitude de Buck tornou-se ousada e ameaçadora, quase como a de um valentão.
Il marchait devant Spitz avec une démarche assurée, pleine de menace moqueuse.

Ele andava de um lado para o outro na frente de Spitz com arrogância, cheio de ameaça e zombaria.

Cet effondrement de l'ordre s'est également propagé parmi les chiens de traîneau.

Esse colapso da ordem também se espalhou entre os cães de trenó.

Ils se battaient et se disputaient plus que jamais, remplissant le camp de bruit.

Eles brigavam e discutiam mais do que nunca, enchendo o acampamento com barulho.

La vie au camp se transformait chaque nuit en un chaos sauvage et hurlant.

A vida no acampamento se transformava em um caos selvagem e estrondoso todas as noites.

Seuls Dave et Solleks sont restés stables et concentrés.

Somente Dave e Solleks permaneceram firmes e focados.

Mais même eux sont devenus colériques à cause des bagarres incessantes.

Mas até eles ficaram irritados por causa das brigas constantes.

François jurait dans des langues étranges et piétinait de frustration.

François xingou em línguas estranhas e pisou forte de frustração.

Il s'arrachait les cheveux et criait tandis que la neige volait sous ses pieds.

Ele puxou os cabelos e gritou enquanto a neve voava sob seus pés.

Son fouet claqua sur le groupe, mais parvint à peine à les maintenir en ligne.

Seu chicote estalava no bando, mas mal conseguia mantê-los na linha.

Chaque fois qu'il tournait le dos, les combats reprenaient.

Sempre que ele virava as costas, a briga recomeçava.

François a utilisé le fouet pour Spitz, tandis que Buck a dirigé les rebelles.

François usou o chicote para Spitz, enquanto Buck liderava os rebeldes.

Chacun connaissait le rôle de l'autre, mais Buck évitait tout blâme.
Cada um sabia o papel do outro, mas Buck evitou qualquer culpa.
François n'a jamais surpris Buck en train de provoquer une bagarre ou de se dérober à son travail.
François nunca pegou Buck começando uma briga ou se esquivando do seu trabalho.
Buck travaillait dur sous le harnais – le travail lui faisait désormais vibrer l'esprit.
Buck trabalhou duro com arreios — o trabalho agora emocionava seu espírito.
Mais il trouvait encore plus de joie à provoquer des bagarres et du chaos dans le camp.
Mas ele encontrou ainda mais alegria em provocar brigas e caos no acampamento.

Un soir, à l'embouchure du Tahkeena, Dub fit sursauter un lapin.
Certa noite, na boca do Tahkeena, Dub assustou um coelho.
Il a raté la prise et le lièvre d'Amérique s'est enfui.
Ele errou a captura e o coelho da neve saltou para longe.
En quelques secondes, toute l'équipe de traîneau s'est lancée à sa poursuite en poussant des cris sauvages.
Em segundos, toda a equipe de trenó começou a persegui-los com gritos selvagens.
À proximité, un camp de la police du Nord-Ouest abritait une cinquantaine de chiens huskys.
Perto dali, um acampamento da Polícia do Noroeste abrigava cinquenta cães husky.
Ils se sont joints à la chasse, descendant ensemble la rivière gelée.
Eles se juntaram à caçada, descendo juntos o rio congelado.
Le lapin a quitté la rivière et s'est enfui dans le lit d'un ruisseau gelé.
O coelho desviou do rio e fugiu subindo o leito congelado de um riacho.

Le lapin sautait légèrement sur la neige tandis que les chiens peinaient à se frayer un chemin.
O coelho pulava levemente sobre a neve enquanto os cães lutavam para passar.
Buck menait l'énorme meute de soixante chiens dans chaque virage sinueux.
Buck liderava a enorme matilha de sessenta cães em cada curva sinuosa.
Il avança, bas et impatient, mais ne put gagner du terrain.
Ele avançou, baixo e ansioso, mas não conseguiu ganhar terreno.
Son corps brillait sous la lune pâle à chaque saut puissant.
Seu corpo brilhava sob a lua pálida a cada salto poderoso.
Devant, le lapin se déplaçait comme un fantôme, silencieux et trop rapide pour être attrapé.
À frente, o coelho se movia como um fantasma, silencioso e rápido demais para ser capturado.
Tous ces vieux instincts – la faim, le frisson – envahirent Buck.
Todos aqueles velhos instintos — a fome, a emoção — invadiram Buck.
Les humains ressentent parfois cet instinct et sont poussés à chasser avec une arme à feu et des balles.
Às vezes, os humanos sentem esse instinto, levados a caçar com armas de fogo e balas.
Mais Buck ressentait ce sentiment à un niveau plus profond et plus personnel.
Mas Buck sentiu esse sentimento em um nível mais profundo e pessoal.
Ils ne pouvaient pas ressentir la nature sauvage dans leur sang comme Buck pouvait la ressentir.
Eles não conseguiam sentir a natureza selvagem em seu sangue da mesma forma que Buck conseguia sentir.
Il chassait la viande vivante, prêt à tuer avec ses dents et à goûter le sang.
Ele perseguia carne viva, pronto para matar com os dentes e provar sangue.

Son corps se tendait de joie, voulant se baigner dans la vie rouge et chaude.
Seu corpo se contraiu de alegria, desejando banhar-se na vida quente e vermelha.
Une joie étrange marque le point le plus élevé que la vie puisse atteindre.
Uma estranha alegria marca o ponto mais alto que a vida pode alcançar.
La sensation d'un pic où les vivants oublient même qu'ils sont en vie.
A sensação de um pico onde os vivos esquecem que estão vivos.
Cette joie profonde touche l'artiste perdu dans une inspiration fulgurante.
Essa alegria profunda toca o artista perdido em inspiração ardente.
Cette joie saisit le soldat qui se bat avec acharnement et n'épargne aucun ennemi.
Essa alegria toma conta do soldado que luta bravamente e não poupa nenhum inimigo.
Cette joie s'empara alors de Buck alors qu'il menait la meute dans une faim primitive.
Essa alegria agora tomava conta de Buck enquanto ele liderava o bando em uma fome primitiva.
Il hurla avec le cri ancien du loup, ravi par la chasse vivante.
Ele uivou com o antigo grito de lobo, emocionado pela perseguição viva.
Buck a puisé dans la partie la plus ancienne de lui-même, perdue dans la nature.
Buck recorreu à parte mais antiga de si mesmo, perdida na natureza.
Il a puisé au plus profond de lui-même, au-delà de la mémoire, dans le temps brut et ancien.
Ele alcançou o interior profundo, o passado, o tempo antigo e cru.
Une vague de vie pure a traversé chaque muscle et chaque tendon.

Uma onda de vida pura percorreu cada músculo e tendão.
Chaque saut criait qu'il vivait, qu'il traversait la mort.
Cada salto gritava que ele vivia, que ele passava pela morte.
Son corps s'élevait joyeusement au-dessus d'une terre calme et froide qui ne bougeait jamais.
Seu corpo voou alegremente sobre a terra parada e fria que nunca se mexeu.
Spitz est resté froid et rusé, même dans ses moments les plus fous.
Spitz permaneceu frio e astuto, mesmo em seus momentos mais selvagens.
Il quitta le sentier et traversa un terrain où le ruisseau formait une large courbe.
Ele deixou a trilha e atravessou a terra onde o riacho fazia uma curva larga.
Buck, inconscient de cela, resta sur le chemin sinueux du lapin.
Buck, sem saber disso, permaneceu no caminho sinuoso do coelho.
Puis, alors que Buck tournait un virage, le lapin fantomatique était devant lui.
Então, quando Buck fez uma curva, o coelho fantasmagórico apareceu diante dele.
Il vit une deuxième silhouette sauter de la berge devant la proie.
Ele viu uma segunda figura saltar da margem à frente da presa.
La silhouette était celle d'un Spitz, atterrissant juste sur le chemin du lapin en fuite.
A figura era Spitz, pousando bem no caminho do coelho em fuga.
Le lapin ne pouvait pas se retourner et a rencontré les mâchoires de Spitz en plein vol.
O coelho não conseguiu se virar e encontrou as mandíbulas de Spitz no ar.
La colonne vertébrale du lapin se brisa avec un cri aussi aigu que le cri d'un humain mourant.

A espinha do coelho quebrou com um grito tão agudo quanto o grito de um humano moribundo.

À ce bruit – la chute de la vie à la mort – la meute hurla fort.

Ao som daquele som — a queda da vida para a morte — a matilha uivou alto.

Un chœur sauvage s'éleva derrière Buck, plein de joie sombre.

Um coro selvagem surgiu atrás de Buck, cheio de prazer sombrio.

Buck n'a émis aucun cri, aucun son, et a chargé directement Spitz.

Buck não deu nenhum grito, nenhum som, e avançou direto em direção a Spitz.

Il a visé la gorge, mais a touché l'épaule à la place.

Ele mirou na garganta, mas acertou o ombro.

Ils dégringolèrent dans la neige molle, leurs corps bloqués dans le combat.

Eles caíram na neve fofa; seus corpos travaram um combate.

Spitz se releva rapidement, comme s'il n'avait jamais été renversé.

Spitz se levantou rapidamente, como se nunca tivesse caído.

Il a entaillé l'épaule de Buck, puis s'est éloigné du combat.

Ele cortou o ombro de Buck e então saltou para longe da luta.

À deux reprises, ses dents claquèrent comme des pièges en acier, ses lèvres se retroussèrent et devinrent féroces.

Duas vezes seus dentes estalaram como armadilhas de aço, lábios curvados e ferozes.

Il recula lentement, cherchant un sol ferme sous ses pieds.

Ele recuou lentamente, buscando chão firme sob seus pés.

Buck a compris le moment instantanément et pleinement.

Buck entendeu o momento instantaneamente e completamente.

Le moment était venu ; le combat allait être un combat à mort.

A hora havia chegado; a luta seria até a morte.

Les deux chiens tournaient en rond, grognant, les oreilles plates, les yeux plissés.

Os dois cães circulavam, rosnando, com as orelhas achatadas e os olhos semicerrados.
Chaque chien attendait que l'autre montre une faiblesse ou fasse un faux pas.
Cada cão esperava que o outro demonstrasse fraqueza ou passo em falso.
Pour Buck, la scène semblait étrangement connue et profondément ancrée dans ses souvenirs.
Para Buck, a cena parecia estranhamente conhecida e profundamente lembrada.
Les bois blancs, la terre froide, la bataille au clair de lune.
As florestas brancas, a terra fria, a batalha sob o luar.
Un silence pesant emplissait le pays, profond et contre nature.
Um silêncio pesado enchia a terra, profundo e sobrenatural.
Aucun vent ne soufflait, aucune feuille ne bougeait, aucun bruit ne brisait le silence.
Nenhum vento soprava, nenhuma folha se movia, nenhum som quebrava o silêncio.
Le souffle des chiens s'élevait comme de la fumée dans l'air glacial et calme.
A respiração dos cães subia como fumaça no ar congelado e silencioso.
Le lapin a été depuis longtemps oublié par la meute de bêtes sauvages.
O coelho foi esquecido há muito tempo pela matilha de feras selvagens.
Ces loups à moitié apprivoisés se tenaient maintenant immobiles dans un large cercle.
Esses lobos meio domesticados agora estavam parados em um amplo círculo.
Ils étaient silencieux, seuls leurs yeux brillants révélaient leur faim.
Eles estavam quietos, apenas seus olhos brilhantes revelavam sua fome.
Leur souffle s'éleva, regardant le combat final commencer.
A respiração deles subiu, observando a luta final começar.

Pour Buck, cette bataille était ancienne et attendue, pas du tout étrange.
Para Buck, essa batalha era antiga e esperada, nada estranha.
C'était comme un souvenir de quelque chose qui devait arriver depuis toujours.
Parecia uma lembrança de algo que sempre deveria acontecer.
Le Spitz était un chien de combat entraîné, affiné par d'innombrables bagarres sauvages.
Spitz era um cão de luta treinado, aperfeiçoado por inúmeras brigas selvagens.
Du Spitzberg au Canada, il a vaincu de nombreux ennemis.
De Spitzbergen ao Canadá, ele derrotou muitos inimigos.
Il était rempli de fureur, mais n'a jamais cédé au contrôle de la rage.
Ele estava cheio de fúria, mas nunca deu controle à raiva.
Sa passion était vive, mais toujours tempérée par un instinct dur.
Sua paixão era intensa, mas sempre temperada por um forte instinto.
Il n'a jamais attaqué jusqu'à ce que sa propre défense soit en place.
Ele nunca atacou até que sua própria defesa estivesse pronta.
Buck a essayé encore et encore d'atteindre le cou vulnérable de Spitz.
Buck tentou várias vezes alcançar o pescoço vulnerável de Spitz.
Mais chaque coup était accueilli par un coup des dents acérées de Spitz.
Mas cada golpe era recebido com um corte dos dentes afiados de Spitz.
Leurs crocs se sont heurtés et les deux chiens ont saigné de leurs lèvres déchirées.
Suas presas se chocaram, e ambos os cães sangraram pelos lábios dilacerados.
Peu importe comment Buck s'est lancé, il n'a pas pu briser la défense.

Não importava o quanto Buck atacasse, ele não conseguia quebrar a defesa.

Il devint de plus en plus furieux, se précipitant avec des explosions de puissance sauvages.
Ele ficou mais furioso, avançando com explosões selvagens de poder.

À maintes reprises, Buck frappait la gorge blanche du Spitz.
Repetidamente, Buck atacou a garganta branca de Spitz.

À chaque fois, Spitz esquivait et riposta avec une morsure tranchante.
Cada vez que Spitz se esquivava, ele revidava com uma mordida cortante.

Buck changea alors de tactique, se précipitant à nouveau comme pour atteindre la gorge.
Então Buck mudou de tática, avançando como se fosse em direção à garganta novamente.

Mais il s'est retiré au milieu de l'attaque, se tournant pour frapper sur le côté.
Mas ele recuou no meio do ataque, virando-se para atacar de lado.

Il a lancé son épaule sur Spitz, dans le but de le faire tomber.
Ele jogou o ombro em Spitz, com a intenção de derrubá-lo.

À chaque fois qu'il essayait, Spitz esquivait et ripostait avec une frappe.
Cada vez que ele tentava, Spitz desviava e contra-atacava com um golpe.

L'épaule de Buck était à vif alors que Spitz s'écartait après chaque coup.
O ombro de Buck ficou em carne viva quando Spitz saltou para longe após cada golpe.

Spitz n'avait pas été touché, tandis que Buck saignait de nombreuses blessures.
Spitz não foi tocado, enquanto Buck sangrava por muitos ferimentos.

La respiration de Buck était rapide et lourde, son corps était couvert de sang.

A respiração de Buck estava rápida e pesada, seu corpo coberto de sangue.

Le combat devenait plus brutal à chaque morsure et à chaque charge.

A luta se tornou mais brutal a cada mordida e investida.

Autour d'eux, soixante chiens silencieux attendaient le premier à tomber.

Ao redor deles, sessenta cães silenciosos esperavam que o primeiro caísse.

Si un chien tombait, la meute allait mettre fin au combat.

Se um cachorro caísse, a matilha terminaria a luta.

Spitz vit Buck faiblir et commença à attaquer.

Spitz viu Buck enfraquecendo e começou a pressionar o ataque.

Il a maintenu Buck en déséquilibre, le forçant à lutter pour garder pied.

Ele manteve Buck desequilibrado, forçando-o a lutar para manter o equilíbrio.

Un jour, Buck trébucha et tomba, et tous les chiens se relevèrent.

Certa vez, Buck tropeçou e caiu, e todos os cães se levantaram.

Mais Buck s'est redressé au milieu de sa chute, et tout le monde s'est affalé.

Mas Buck se endireitou no meio da queda, e todos afundaram novamente.

Buck avait quelque chose de rare : une imagination née d'un instinct profond.

Buck tinha algo raro: imaginação nascida de um instinto profundo.

Il combattait par instinct naturel, mais aussi par ruse.

Ele lutou por impulso natural, mas também lutou com astúcia.

Il chargea à nouveau comme s'il répétait son tour d'attaque à l'épaule.

Ele atacou novamente como se estivesse repetindo seu truque de ataque de ombro.

Mais à la dernière seconde, il s'est laissé tomber et a balayé Spitz.

Mas no último segundo, ele se abaixou e passou por baixo de Spitz.

Ses dents se sont bloquées sur la patte avant gauche de Spitz avec un claquement.

Seus dentes se fecharam na perna dianteira esquerda de Spitz com um estalo.

Spitz était maintenant instable, son poids reposant sur seulement trois pattes.

Spitz agora estava instável, com seu peso apoiado em apenas três pernas.

Buck frappa à nouveau, essaya trois fois de le faire tomber.

Buck atacou novamente e tentou derrubá-lo três vezes.

À la quatrième tentative, il a utilisé le même mouvement avec succès.

Na quarta tentativa ele usou o mesmo movimento com sucesso

Cette fois, Buck a réussi à mordre la jambe droite du Spitz.

Desta vez, Buck conseguiu morder a perna direita de Spitz.

Spitz, bien que paralysé et souffrant, continuait à lutter pour survivre.

Spitz, embora aleijado e em agonia, continuou lutando para sobreviver.

Il vit le cercle de huskies se resserrer, la langue tirée, les yeux brillants.

Ele viu o círculo de huskies se estreitar, com as línguas de fora e os olhos brilhando.

Ils attendaient de le dévorer, comme ils l'avaient fait pour les autres.

Eles esperaram para devorá-lo, assim como fizeram com os outros.

Cette fois, il se tenait au centre, vaincu et condamné.

Desta vez, ele ficou no centro; derrotado e condenado.

Le chien blanc n'avait désormais plus aucune possibilité de s'échapper.

Agora não havia mais opção de fuga para o cão branco.

Buck n'a montré aucune pitié, car la pitié n'avait pas sa place dans la nature.

Buck não demonstrou misericórdia, pois misericórdia não pertence à natureza.

Buck se déplaçait prudemment, se préparant à la charge finale.

Buck se moveu com cuidado, preparando-se para o ataque final.

Le cercle des huskies se referma ; il sentit leur souffle chaud.

O círculo de huskies se fechou; ele sentiu suas respirações quentes.

Ils s'accroupirent, prêts à bondir lorsque le moment viendrait.

Eles se agacharam, preparados para atacar quando chegasse o momento.

Spitz tremblait dans la neige, grognant et changeant de position.

Spitz tremeu na neve, rosnando e mudando de posição.

Ses yeux brillaient, ses lèvres se courbaient, ses dents brillaient dans une menace désespérée.

Seus olhos brilhavam, seus lábios se curvavam e seus dentes brilhavam em uma ameaça desesperada.

Il tituba, essayant toujours de résister à la morsure froide de la mort.

Ele cambaleou, ainda tentando segurar a fria mordida da morte.

Il avait déjà vu cela auparavant, mais toujours du côté des gagnants.

Ele já tinha visto isso antes, mas sempre do lado vencedor.

Il était désormais du côté des perdants, des vaincus, de la proie, de la mort.

Agora ele estava do lado perdedor; o derrotado; a presa; a morte.

Buck tourna en rond pour porter le coup final, le cercle de chiens se rapprochant.

Buck circulou para o golpe final, o círculo de cães se aproximando.

Il pouvait sentir leur souffle chaud, prêt à tuer.

Ele podia sentir suas respirações quentes; prontos para matar.

Un silence s'installa ; tout était à sa place ; le temps s'était arrêté.
Houve um silêncio; tudo estava em seu lugar; o tempo havia parado.
Même l'air froid entre eux se figea un dernier instant.
Até o ar frio entre eles congelou por um último momento.
Seul Spitz bougea, essayant de retenir sa fin amère.
Somente Spitz se moveu, tentando evitar seu amargo fim.
Le cercle des chiens se refermait autour de lui, comme l'était son destin.
O círculo de cães estava se fechando ao redor dele, assim como seu destino.
Il était désespéré maintenant, sachant ce qui allait se passer.
Ele estava desesperado agora, sabendo o que estava prestes a acontecer.
Buck bondit, épaule contre épaule une dernière fois.
Buck saltou, ombro a ombro uma última vez.
Les chiens se sont précipités en avant, couvrant Spitz dans l'obscurité neigeuse.
Os cães avançaram, cobrindo Spitz na escuridão da neve.
Buck regardait, debout, le vainqueur dans un monde sauvage.
Buck observou, de pé; o vencedor em um mundo selvagem.
La bête primordiale dominante avait fait sa proie, et c'était bien.
A besta primordial dominante havia feito sua presa, e foi boa.

Celui qui a gagné la maîtrise
Aquele que venceu a Maestria

« Hein ? Qu'est-ce que j'ai dit ? Je dis vrai quand je dis que Buck est un démon. »
"Hã? O que eu disse? Falo a verdade quando digo que o Buck é um demônio."

François a dit cela le lendemain matin après avoir constaté la disparition de Spitz.
François disse isso na manhã seguinte, depois de descobrir que Spitz havia desaparecido.

Buck se tenait là, couvert de blessures dues au combat acharné.
Buck ficou ali, coberto de ferimentos da luta violenta.

François tira Buck près du feu et lui montra les blessures.
François puxou Buck para perto do fogo e apontou para os ferimentos.

« Ce Spitz s'est battu comme le Devik », dit Perrault en observant les profondes entailles.
"Aquele Spitz lutou como o Devik", disse Perrault, olhando para os cortes profundos.

« Et ce Buck s'est battu comme deux diables », répondit aussitôt François.
"E aquele Buck lutou como dois demônios", respondeu François imediatamente.

« Maintenant, nous allons faire du bon temps ; plus de Spitz, plus de problèmes. »
"Agora faremos um bom tempo; chega de Spitz, chega de problemas."

Perrault préparait le matériel et chargeait le traîneau avec soin.
Perrault estava empacotando o equipamento e carregou o trenó com cuidado.

François a attelé les chiens en prévision de la course du jour.
François preparou os cães para a corrida do dia.

Buck a trotté directement vers la position de tête autrefois détenue par Spitz.

Buck trotou direto para a posição de liderança antes ocupada por Spitz.
Mais François, sans s'en apercevoir, conduisit Solleks vers l'avant.
Mas François, sem perceber, levou Solleks para a frente.
Aux yeux de François, Solleks était désormais le meilleur chien de tête.
Na opinião de François, Solleks era agora o melhor cão guia.
Buck se jeta sur Solleks avec fureur et le repoussa en signe de protestation.
Buck avançou furioso contra Solleks e o empurrou para trás em protesto.
Il se tenait là où Spitz s'était autrefois tenu, revendiquant la position de leader.
Ele ficou onde Spitz esteve uma vez, reivindicando a posição de liderança.
« Hein ? Hein ? » s'écria François en se frappant les cuisses d'un air amusé.
"É? É?", gritou François, dando tapinhas nas coxas, divertido.
« Regardez Buck, il a tué Spitz, et maintenant il veut prendre le poste ! »
"Olhe para o Buck, ele matou o Spitz e agora quer assumir o trabalho!"
« Va-t'en, Chook ! » cria-t-il, essayant de chasser Buck.
"Vá embora, Chook!" ele gritou, tentando afastar Buck.
Mais Buck refusa de bouger et resta ferme dans la neige.
Mas Buck se recusou a se mover e permaneceu firme na neve.
François attrapa Buck par la peau du cou et le tira sur le côté.
François agarrou Buck pelo pescoço e o arrastou para o lado.
Buck grogna bas et menaçant mais n'attaqua pas.
Buck rosnou baixo e ameaçadoramente, mas não atacou.
François a remis Solleks en tête, tentant de régler le différend
François colocou Solleks de volta na liderança, tentando resolver a disputa
Le vieux chien avait peur de Buck et ne voulait pas rester.

O velho cachorro demonstrou medo de Buck e não queria ficar.

Quand François lui tourna le dos, Buck chassa à nouveau Solleks.

Quando François virou as costas, Buck expulsou Solleks novamente.

Solleks n'a pas résisté et s'est discrètement écarté une fois de plus.

Solleks não resistiu e silenciosamente se afastou mais uma vez.

François s'est mis en colère et a crié : « Par Dieu, je te répare ! »

François ficou furioso e gritou: "Por Deus, eu vou te consertar!"

Il s'approcha de Buck en tenant une lourde massue à la main.

Ele veio em direção a Buck segurando um pesado porrete na mão.

Buck se souvenait bien de l'homme au pull rouge.

Buck se lembrava bem do homem do suéter vermelho.

Il recula lentement, observant François, mais grognant profondément.

Ele recuou lentamente, observando François, mas rosnando profundamente.

Il ne s'est pas précipité en arrière, même lorsque Solleks s'est levé à sa place.

Ele não voltou correndo, mesmo quando Solleks assumiu seu lugar.

Buck tourna en rond juste hors de portée, grognant de fureur et de protestation.

Buck circulou além do alcance, rosnando em fúria e protesto.

Il gardait les yeux fixés sur le gourdin, prêt à esquiver si François lançait.

Ele manteve os olhos no taco, pronto para desviar se François jogasse.

Il était devenu sage et prudent quant aux manières des hommes armés.

Ele se tornou sábio e cauteloso em relação aos costumes dos homens armados.

François abandonna et rappela Buck à son ancienne place.
François desistiu e chamou Buck novamente para seu antigo lugar.

Mais Buck recula prudemment, refusant d'obéir à l'ordre.
Mas Buck recuou cautelosamente, recusando-se a obedecer à ordem.

François le suivit, mais Buck ne recula que de quelques pas supplémentaires.
François o seguiu, mas Buck recuou apenas mais alguns passos.

Après un certain temps, François jeta l'arme par frustration.
Depois de algum tempo, François jogou a arma no chão, frustrado.

Il pensait que Buck craignait d'être battu et qu'il allait venir tranquillement.
Ele pensou que Buck estava com medo de apanhar e iria agir discretamente.

Mais Buck n'évitait pas la punition : il se battait pour son rang.
Mas Buck não estava evitando a punição: ele estava lutando por posição.

Il avait gagné la place de chien de tête grâce à un combat à mort.
Ele conquistou o posto de cão líder por meio de uma luta até a morte

il n'allait pas se contenter de moins que d'être le leader.
ele não iria se contentar com nada menos do que ser o líder.

Perrault a participé à la poursuite pour aider à attraper le Buck rebelle.
Perrault ajudou na perseguição para capturar o rebelde Buck.

Ensemble, ils l'ont fait courir dans le camp pendant près d'une heure.
Juntos, eles o fizeram correr pelo acampamento por quase uma hora.

Ils lui lancèrent des coups de massue, mais Buck les esquiva habilement.
Eles atiraram cassetetes nele, mas Buck desviou de cada um deles habilmente.
Ils l'ont maudit, lui, ses ancêtres, ses descendants et chaque cheveu de sa personne.
Eles o amaldiçoaram, a seus ancestrais, a seus descendentes e a cada fio de cabelo dele.
Mais Buck se contenta de gronder en retour et resta hors de leur portée.
Mas Buck apenas rosnou de volta e ficou fora do alcance deles.
Il n'a jamais essayé de s'enfuir mais a délibérément tourné autour du camp.
Ele nunca tentou fugir, mas circulou o acampamento deliberadamente.
Il a clairement fait savoir qu'il obéirait une fois qu'ils lui auraient donné ce qu'il voulait.
Ele deixou claro que iria obedecer quando lhe dessem o que queria.
François s'est finalement assis et s'est gratté la tête avec frustration.
François finalmente sentou-se e coçou a cabeça, frustrado.
Perrault consulta sa montre, jura et marmonna à propos du temps perdu.
Perrault olhou para o relógio, xingou e murmurou sobre o tempo perdido.
Une heure s'était déjà écoulée alors qu'ils auraient dû être sur la piste.
Já havia passado uma hora em que eles deveriam estar na trilha.
François haussa les épaules d'un air penaud en direction du coursier, qui soupira de défaite.
François deu de ombros timidamente para o mensageiro, que suspirou derrotado.
François se dirigea alors vers Solleks et appela Buck une fois de plus.

Então François caminhou até Solleks e chamou Buck mais uma vez.

Buck rit comme rit un chien, mais garda une distance prudente.
Buck riu como um cachorro ri, mas manteve uma distância cautelosa.

François retira le harnais de Solleks et le remit à sa place.
François removeu o arreio de Solleks e o colocou de volta em seu lugar.

L'équipe de traîneau était entièrement harnachée, avec seulement une place libre.
A equipe de trenó estava totalmente equipada, com apenas uma vaga vazia.

La position de tête est restée vide, clairement destinée à Buck seul.
A posição de liderança permaneceu vazia, claramente destinada apenas a Buck.

François appela à nouveau, et à nouveau Buck rit et tint bon.
François chamou novamente, e mais uma vez Buck riu e se manteve firme.

« Jetez le gourdin », ordonna Perrault sans hésitation.
"Jogue o porrete no chão", ordenou Perrault sem hesitar.

François obéit et Buck trotta immédiatement en avant, fièrement.
François obedeceu, e Buck imediatamente trotou para frente, orgulhoso.

Il rit triomphalement et prit la tête.
Ele riu triunfantemente e assumiu a posição de liderança.

François a sécurisé ses traces et le traîneau a été détaché.
François prendeu seus rastros e o trenó foi solto.

Les deux hommes couraient côte à côte tandis que l'équipe s'engageait sur le sentier de la rivière.
Os dois homens correram juntos enquanto a equipe avançava pela trilha do rio.

François avait une haute opinion des « deux diables » de Buck,
François tinha em alta conta os "dois demônios" de Buck,

mais il s'est vite rendu compte qu'il avait en fait sous-estimé le chien.

mas ele logo percebeu que na verdade havia subestimado o cachorro.

Buck a rapidement pris le leadership et a fait preuve d'excellence.

Buck rapidamente assumiu a liderança e teve um desempenho excelente.

En termes de jugement, de réflexion rapide et d'action, Buck a surpassé Spitz.

Em julgamento, raciocínio rápido e ação rápida, Buck superou Spitz.

François n'avait jamais vu un chien égal à celui que Buck présentait maintenant.

François nunca tinha visto um cão igual ao que Buck agora exibia.

Mais Buck excellait vraiment dans l'art de faire respecter l'ordre et d'imposer le respect.

Mas Buck realmente se destacou em impor a ordem e impor respeito.

Dave et Solleks ont accepté le changement sans inquiétude ni protestation.

Dave e Solleks aceitaram a mudança sem preocupação ou protesto.

Ils se concentraient uniquement sur le travail et tiraient fort sur les rênes.

Eles se concentravam apenas no trabalho e em puxar as rédeas com força.

Peu leur importait de savoir qui menait, tant que le traîneau continuait d'avancer.

Pouco se importavam com quem liderava, desde que o trenó continuasse se movendo.

Billee, la joyeuse, aurait pu diriger pour autant qu'ils s'en soucient.

Billee, o alegre, poderia ter liderado, se importasse.

Ce qui comptait pour eux, c'était la paix et l'ordre dans les rangs.

O que importava para eles era a paz e a ordem nas fileiras.

Le reste de l'équipe était devenu indiscipliné pendant le déclin de Spitz.
O resto da equipe ficou indisciplinado durante o declínio de Spitz.
Ils furent choqués lorsque Buck les ramena immédiatement à l'ordre.
Eles ficaram chocados quando Buck imediatamente os colocou em ordem.
Pike avait toujours été paresseux et traînait les pieds derrière Buck.
Pike sempre foi preguiçoso e arrastava os pés atrás de Buck.
Mais maintenant, il a été sévèrement discipliné par la nouvelle direction.
Mas agora foi severamente disciplinado pela nova liderança.
Et il a rapidement appris à faire sa part dans l'équipe.
E ele rapidamente aprendeu a contribuir com a equipe.
À la fin de la journée, Pike avait travaillé plus dur que jamais.
No final do dia, Pike trabalhou mais do que nunca.
Cette nuit-là, au camp, Joe, le chien aigri, fut finalement maîtrisé.
Naquela noite no acampamento, Joe, o cão azedo, foi finalmente subjugado.
Spitz n'avait pas réussi à le discipliner, mais Buck n'avait pas échoué.
Spitz falhou em discipliná-lo, mas Buck não falhou.
Grâce à son poids plus important, Buck a vaincu Joe en quelques secondes.
Usando seu peso maior, Buck dominou Joe em segundos.
Il a mordu et battu Joe jusqu'à ce qu'il gémisse et cesse de résister.
Ele mordeu e bateu em Joe até que ele choramingou e parou de resistir.
Toute l'équipe s'est améliorée à partir de ce moment-là.
A partir daquele momento, toda a equipe melhorou.

Les chiens ont retrouvé leur ancienne unité et leur discipline.
Os cães recuperaram sua antiga unidade e disciplina.
À Rink Rapids, deux nouveaux huskies indigènes, Teek et Koona, nous ont rejoint.
Em Rink Rapids, dois novos huskies nativos, Teek e Koona, se juntaram.
La rapidité avec laquelle Buck les dressa étonna même François.
O rápido treinamento de Buck surpreendeu até mesmo François.
« Il n'y a jamais eu de chien comme ce Buck ! » s'écria-t-il avec stupéfaction.
"Nunca existiu um cão como aquele Buck!" ele gritou, espantado.
« Non, jamais ! Il vaut mille dollars, bon sang ! »
"Não, nunca! Ele vale mil dólares, meu Deus!"
« Hein ? Qu'en dis-tu, Perrault ? » demanda-t-il avec fierté.
"Hã? O que você diz, Perrault?", perguntou ele, orgulhoso.
Perrault hocha la tête en signe d'accord et vérifia ses notes.
Perrault concordou com a cabeça e verificou suas anotações.
Nous sommes déjà en avance sur le calendrier et gagnons chaque jour davantage.
Já estamos adiantados e ganhando mais a cada dia.
Le sentier était dur et lisse, sans neige fraîche.
A trilha era compactada e lisa, sem neve fresca.
Le froid était constant, oscillant autour de cinquante degrés en dessous de zéro.
O frio era constante, oscilando em torno de cinquenta graus abaixo de zero o tempo todo.
Les hommes montaient et couraient à tour de rôle pour se réchauffer et gagner du temps.
Os homens cavalgavam e corriam em turnos para se manterem aquecidos e ganhar tempo.
Les chiens couraient vite avec peu d'arrêts, poussant toujours vers l'avant.

Os cães corriam rápido, com poucas paradas, sempre avançando.
La rivière Thirty Mile était en grande partie gelée et facile à traverser.
O Rio Thirty Mile estava quase todo congelado e era fácil atravessá-lo.
Ils sont sortis en un jour, ce qui leur avait pris dix jours pour venir.
Eles saíram em um dia o que levou dez dias para chegar.
Ils ont parcouru une distance de soixante milles du lac Le Barge jusqu'à White Horse.
Eles correram 96 quilômetros do Lago Le Barge até White Horse.
À travers les lacs Marsh, Tagish et Bennett, ils se déplaçaient incroyablement vite.
Eles se moveram incrivelmente rápido pelos lagos Marsh, Tagish e Bennett.
L'homme qui courait était tiré derrière le traîneau par une corde.
O homem correndo foi rebocado pelo trenó por uma corda.
La dernière nuit de la deuxième semaine, ils sont arrivés à destination.
Na última noite da segunda semana eles chegaram ao seu destino.
Ils avaient atteint ensemble le sommet du col White.
Eles chegaram juntos ao topo do White Pass.
Ils sont descendus au niveau de la mer avec les lumières de Skaguay en dessous d'eux.
Eles desceram ao nível do mar com as luzes de Skaguay abaixo deles.
Il s'agissait d'une course record à travers des kilomètres de nature froide et sauvage.
Foi uma corrida recorde atravessando quilômetros de deserto frio.
Pendant quatorze jours d'affilée, ils ont parcouru en moyenne quarante miles.

Durante quatorze dias seguidos, eles percorreram uma média de 64 quilômetros.

À Skaguay, Perrault et François transportaient des marchandises à travers la ville.

Em Skaguay, Perrault e François movimentaram cargas pela cidade.

Ils ont été acclamés et ont reçu de nombreuses boissons de la part d'une foule admirative.

Eles foram aplaudidos e receberam muitas bebidas da multidão admirada.

Les chasseurs de chiens et les ouvriers se sont rassemblés autour du célèbre attelage de chiens.

Caçadores de cães e trabalhadores se reuniram em torno do famoso grupo de cães.

Puis les hors-la-loi de l'Ouest arrivèrent en ville et subirent une violente défaite.

Então, bandidos ocidentais chegaram à cidade e foram violentamente derrotados.

Les gens ont vite oublié l'équipe et se sont concentrés sur un nouveau drame.

As pessoas logo esqueceram o time e se concentraram em um novo drama.

Puis sont arrivées les nouvelles commandes qui ont tout changé d'un coup.

Então vieram as novas ordens que mudaram tudo de uma vez.

François appela Buck à lui et le serra dans ses bras avec une fierté larmoyante.

François chamou Buck e o abraçou com orgulho e lágrimas.

Ce moment fut la dernière fois que Buck revit François.

Aquele momento foi a última vez que Buck viu François novamente.

Comme beaucoup d'hommes avant eux, François et Perrault étaient tous deux partis.

Como muitos homens antes, François e Perrault se foram.

Un métis écossais a pris en charge Buck et ses coéquipiers de chiens de traîneau.

Um mestiço escocês tomou conta de Buck e seus companheiros de equipe de cães de trenó.
Avec une douzaine d'autres équipes de chiens, ils sont retournés par le sentier jusqu'à Dawson.
Com uma dúzia de outras equipes de cães, eles retornaram pela trilha até Dawson.
Ce n'était plus une course rapide, juste un travail pénible avec une lourde charge chaque jour.
Não era uma corrida rápida, apenas um trabalho pesado com uma carga pesada a cada dia.
C'était le train postal qui apportait des nouvelles aux chercheurs d'or près du pôle.
Este era o trem dos correios, trazendo notícias aos caçadores de ouro perto do Polo.
Buck n'aimait pas le travail mais le supportait bien, étant fier de ses efforts.
Buck não gostava do trabalho, mas o suportava bem, orgulhando-se de seu esforço.
Comme Dave et Solleks, Buck a fait preuve de dévouement dans chaque tâche quotidienne.
Assim como Dave e Solleks, Buck demonstrou dedicação a cada tarefa diária.
Il s'est assuré que chacun de ses coéquipiers fasse sa part du travail.
Ele garantiu que cada um dos seus companheiros de equipe fizesse a sua parte.
La vie sur les sentiers est devenue ennuyeuse, répétée avec la précision d'une machine.
A vida na trilha tornou-se monótona, repetida com a precisão de uma máquina.
Chaque jour était le même, un matin se fondant dans le suivant.
Cada dia parecia o mesmo, uma manhã se misturando à outra.
À la même heure, les cuisiniers se levèrent pour allumer des feux et préparer la nourriture.
Na mesma hora, os cozinheiros se levantaram para acender fogueiras e preparar comida.

Après le petit-déjeuner, certains quittèrent le camp tandis que d'autres attelèrent les chiens.
Depois do café da manhã, alguns deixaram o acampamento enquanto outros atrelaram os cães.
Ils ont pris la route avant que le faible avertissement de l'aube ne touche le ciel.
Eles pegaram a trilha antes que o tênue sinal do amanhecer tocasse o céu.
La nuit, ils s'arrêtaient pour camper, chaque homme ayant une tâche précise.
À noite, eles paravam para acampar, cada homem com uma tarefa definida.
Certains ont monté les tentes, d'autres ont coupé du bois de chauffage et ramassé des branches de pin.
Alguns montaram as tendas, outros cortaram lenha e coletaram galhos de pinheiro.
De l'eau ou de la glace étaient ramenées aux cuisiniers pour le repas du soir.
Água ou gelo eram levados de volta aos cozinheiros para a refeição da noite.
Les chiens ont été nourris et c'était le meilleur moment de la journée pour eux.
Os cães foram alimentados e esta foi a melhor parte do dia para eles.
Après avoir mangé du poisson, les chiens se sont détendus et se sont allongés près du feu.
Depois de comerem o peixe, os cães relaxaram e descansaram perto do fogo.
Il y avait une centaine d'autres chiens dans le convoi avec lesquels se mêler.
Havia centenas de outros cães no comboio para se misturar.
Beaucoup de ces chiens étaient féroces et prompts à se battre sans prévenir.
Muitos desses cães eram ferozes e rápidos para brigar sem aviso.
Mais après trois victoires, Buck a maîtrisé même les combattants les plus féroces.

Mas depois de três vitórias, Buck dominou até os lutadores mais ferozes.

Maintenant, quand Buck grogna et montra ses dents, ils s'écartèrent.

Agora, quando Buck rosnou e mostrou os dentes, eles se afastaram.

Mais le plus beau dans tout ça, c'est que Buck aimait s'allonger près du feu de camp vacillant.

Talvez o melhor de tudo é que Buck adorava ficar deitado perto da fogueira bruxuleante.

Il s'accroupit, les pattes arrière repliées et les pattes avant tendues vers l'avant.

Ele se agachou com as patas traseiras dobradas e as dianteiras esticadas para a frente.

Sa tête était levée tandis qu'il cligna doucement des yeux devant les flammes rougeoyantes.

Sua cabeça estava erguida enquanto ele piscava suavemente para as chamas brilhantes.

Parfois, il se souvenait de la grande maison du juge Miller à Santa Clara.

Às vezes ele se lembrava da grande casa do juiz Miller em Santa Clara.

Il pensait à la piscine en ciment, à Ysabel et au carlin appelé Toots.

Ele pensou na piscina de cimento, em Ysabel e no pug chamado Toots.

Mais le plus souvent, il se souvenait du gourdin de l'homme au pull rouge.

Mas, com mais frequência, ele se lembrava do porrete do homem do suéter vermelho.

Il se souvenait de la mort de Curly et de sa bataille acharnée contre Spitz.

Ele se lembrou da morte de Curly e de sua batalha feroz com Spitz.

Il se souvenait aussi des bons plats qu'il avait mangés ou dont il rêvait encore.

Ele também se lembrou da boa comida que havia comido ou com a qual ainda sonhava.

Buck n'avait pas le mal du pays : la vallée chaude était lointaine et irréelle.

Buck não sentia saudades de casa: o vale quente era distante e irreal.

Les souvenirs de Californie n'avaient plus vraiment d'influence sur lui.

As lembranças da Califórnia não tinham mais nenhum poder sobre ele.

Plus forts que la mémoire étaient les instincts profondément ancrés dans sa lignée.

Mais fortes que a memória eram os instintos arraigados em sua linhagem.

Les habitudes autrefois perdues étaient revenues, ravivées par le sentier et la nature sauvage.

Hábitos perdidos retornaram, revividos pela trilha e pela natureza.

Tandis que Buck regardait la lumière du feu, cela devenait parfois autre chose.

Enquanto Buck observava a luz do fogo, ela às vezes se transformava em outra coisa.

Il vit à la lueur du feu un autre feu, plus vieux et plus profond que celui-ci.

Ele viu à luz do fogo outro fogo, mais antigo e mais profundo que o atual.

À côté de cet autre feu se tenait accroupi un homme qui ne ressemblait pas au cuisinier métis.

Ao lado daquela outra fogueira estava agachado um homem diferente do cozinheiro mestiço.

Cette figurine avait des jambes courtes, de longs bras et des muscles durs et noués.

Essa figura tinha pernas curtas, braços longos e músculos duros e nodosos.

Ses cheveux étaient longs et emmêlés, tombant en arrière à partir des yeux.

Seu cabelo era longo e emaranhado, caindo para trás, a partir dos olhos.
Il émit des sons étranges et regarda l'obscurité avec peur.
Ele fez sons estranhos e olhou com medo para a escuridão.
Il tenait une massue en pierre basse, fermement serrée dans sa longue main rugueuse.
Ele segurava uma pedra bem baixa, firmemente agarrada em sua mão longa e áspera.
L'homme portait peu de vêtements ; juste une peau carbonisée qui pendait dans son dos.
O homem vestia pouca coisa; apenas uma pele carbonizada que pendia sobre suas costas.
Son corps était couvert de poils épais sur les bras, la poitrine et les cuisses.
Seu corpo era coberto de pelos grossos nos braços, peito e coxas.
Certaines parties des cheveux étaient emmêlées en plaques de fourrure rugueuse.
Algumas partes do cabelo estavam emaranhadas em pedaços de pelo áspero.
Il ne se tenait pas droit mais penché en avant des hanches jusqu'aux genoux.
Ele não ficou em pé, mas sim curvado para a frente, dos quadris aos joelhos.
Ses pas étaient élastiques et félins, comme s'il était toujours prêt à bondir.
Seus passos eram elásticos e felinos, como se estivesse sempre pronto para saltar.
Il y avait une vive vigilance, comme s'il vivait dans une peur constante.
Havia um estado de alerta intenso, como se ele vivesse em medo constante.
Cet homme ancien semblait s'attendre au danger, que le danger soit perçu ou non.
Este homem antigo parecia esperar perigo, quer o perigo fosse visto ou não.

Parfois, l'homme poilu dormait près du feu, la tête entre les jambes.
Às vezes, o homem peludo dormia perto do fogo, com a cabeça entre as pernas.
Ses coudes reposaient sur ses genoux, ses mains jointes au-dessus de sa tête.
Seus cotovelos estavam apoiados nos joelhos e suas mãos estavam cruzadas acima da cabeça.
Comme un chien, il utilisait ses bras velus pour se débarrasser de la pluie qui tombait.
Como um cão, ele usou seus braços peludos para afastar a chuva que caía.
Au-delà de la lumière du feu, Buck vit deux charbons jumeaux briller dans l'obscurité.
Além da luz do fogo, Buck viu duas brasas brilhando no escuro.
Toujours deux par deux, ils étaient les yeux des bêtes de proie traquantes.
Sempre dois a dois, eles eram os olhos de animais predadores à espreita.
Il entendit des corps s'écraser à travers les broussailles et des bruits se faire entendre dans la nuit.
Ele ouviu corpos caindo nos arbustos e sons feitos na noite.
Allongé sur la rive du Yukon, clignant des yeux, Buck rêvait près du feu.
Deitado na margem do Yukon, piscando, Buck sonhava perto do fogo.
Les images et les sons de ce monde sauvage lui faisaient dresser les cheveux sur la tête.
As imagens e os sons daquele mundo selvagem faziam seus cabelos ficarem arrepiados.
La fourrure s'élevait le long de son dos, de ses épaules et de son cou.
Os pelos se eriçaram ao longo de suas costas, ombros e pescoço.
Il gémissait doucement ou émettait un grognement sourd au plus profond de sa poitrine.

Ele choramingava baixinho ou soltava um rosnado baixo, bem no fundo do peito.
Alors le cuisinier métis cria : « Hé, toi Buck, réveille-toi ! »
Então o cozinheiro mestiço gritou: "Ei, Buck, acorde!"
Le monde des rêves a disparu et la vraie vie est revenue aux yeux de Buck.
O mundo dos sonhos desapareceu e a vida real retornou aos olhos de Buck.
Il allait se lever, s'étirer et bâiller, comme s'il venait de se réveiller d'une sieste.
Ele ia se levantar, se espreguiçar e bocejar, como se tivesse acordado de um cochilo.
Le voyage était difficile, avec le traîneau postal qui traînait derrière eux.
A viagem foi difícil, com o trenó dos correios arrastando-se atrás deles.
Les lourdes charges et le travail pénible épuisaient les chiens à chaque longue journée.
Cargas pesadas e trabalho duro desgastavam os cães a cada longo dia.
Ils arrivèrent à Dawson maigres, fatigués et ayant besoin de plus d'une semaine de repos.
Eles chegaram a Dawson magros, cansados e precisando de mais de uma semana de descanso.
Mais seulement deux jours plus tard, ils repartaient sur le Yukon.
Mas apenas dois dias depois, eles partiram novamente pelo Yukon.
Ils étaient chargés de lettres supplémentaires destinées au monde extérieur.
Eles estavam carregados com mais cartas destinadas ao mundo exterior.
Les chiens étaient épuisés et les hommes se plaignaient constamment.
Os cães estavam exaustos e os homens reclamavam constantemente.

La neige tombait tous les jours, ramollissant le sentier et ralentissant les traîneaux.
A neve caía todos os dias, amolecendo a trilha e deixando os trenós mais lentos.

Cela a rendu la traction plus difficile et a entraîné plus de traînée sur les patins.
Isso fazia com que a tração fosse mais difícil e gerasse mais arrasto nos corredores.

Malgré cela, les pilotes étaient justes et se souciaient de leurs équipes.
Apesar disso, os pilotos foram justos e se preocuparam com suas equipes.

Chaque nuit, les chiens étaient nourris avant que les hommes ne puissent manger.
Todas as noites, os cães eram alimentados antes que os homens pudessem comer.

Aucun homme ne dormait avant de vérifier les pattes de son propre chien.
Nenhum homem dormiu antes de verificar as patas do seu próprio cachorro.

Cependant, les chiens s'affaiblissaient à mesure que les kilomètres s'écoulaient sur leur corps.
Mesmo assim, os cães ficaram mais fracos à medida que os quilômetros percorridos desgastavam seus corpos.

Ils avaient parcouru mille huit cents kilomètres pendant l'hiver.
Eles viajaram mil e oitocentos quilômetros durante o inverno.

Ils ont tiré des traîneaux sur chaque kilomètre de cette distance brutale.
Eles puxaram trenós por cada quilômetro daquela distância brutal.

Même les chiens de traîneau les plus robustes ressentent de la tension après tant de kilomètres.
Até mesmo os cães de trenó mais resistentes sentem tensão depois de tantos quilômetros.

Buck a tenu bon, a permis à son équipe de travailler et a maintenu la discipline.

Buck resistiu, manteve sua equipe trabalhando e manteve a disciplina.
Mais Buck était fatigué, tout comme les autres pendant le long voyage.
Mas Buck estava cansado, assim como os outros na longa jornada.
Billee gémissait et pleurait dans son sommeil chaque nuit sans faute.
Billee choramingava e chorava durante o sono todas as noites, sem exceção.
Joe devint encore plus amer et Solleks resta froid et distant.
Joe ficou ainda mais amargo, e Solleks permaneceu frio e distante.
Mais c'est Dave qui a le plus souffert de toute l'équipe.
Mas foi Dave quem sofreu mais de toda a equipe.
Quelque chose n'allait pas en lui, même si personne ne savait quoi.
Algo deu errado dentro dele, embora ninguém soubesse o quê.
Il est devenu de plus en plus maussade et s'en est pris aux autres avec une colère croissante.
Ele ficou mais mal-humorado e começou a atacar os outros com raiva cada vez maior.
Chaque nuit, il se rendait directement à son nid, attendant d'être nourri.
Todas as noites ele ia direto para o ninho, esperando para ser alimentado.
Une fois tombé, Dave ne s'est pas relevé avant le matin.
Depois que ele caiu, Dave não se levantou até de manhã.
Sur les rênes, des secousses ou des sursauts brusques le faisaient crier de douleur.
Nas rédeas, solavancos ou sobressaltos repentinos o faziam gritar de dor.
Son chauffeur a recherché la cause du sinistre, mais n'a constaté aucune blessure.
O motorista procurou a causa, mas não encontrou nenhum ferimento nele.

Tous les conducteurs ont commencé à regarder Dave et ont discuté de son cas.
Todos os motoristas começaram a observar Dave e discutir seu caso.
Ils ont discuté pendant les repas et pendant leur dernière cigarette de la journée.
Eles conversavam durante as refeições e durante o último cigarro do dia.
Une nuit, ils ont tenu une réunion et ont amené Dave au feu.
Uma noite eles fizeram uma reunião e levaram Dave até a fogueira.
Ils pressèrent et sondèrent son corps, et il cria souvent.
Eles pressionaram e sondaram seu corpo, e ele gritava frequentemente.
De toute évidence, quelque chose n'allait pas, même si aucun os ne semblait cassé.
Claramente, algo estava errado, embora nenhum osso parecesse quebrado.
Au moment où ils atteignirent Cassiar Bar, Dave était en train de tomber.
Quando chegaram ao Cassiar Bar, Dave estava caindo.
Le métis écossais a appelé à la fin et a retiré Dave de l'équipe.
O mestiço escocês deu uma parada e tirou Dave do time.
Il a attaché Solleks à la place de Dave, le plus près de l'avant du traîneau.
Ele prendeu Solleks no lugar de Dave, mais próximo da frente do trenó.
Il avait l'intention de laisser Dave se reposer et courir librement derrière le traîneau en mouvement.
Ele queria deixar Dave descansar e correr livremente atrás do trenó em movimento.
Mais même malade, Dave détestait être privé du travail qu'il avait occupé.
Mas mesmo doente, Dave odiava ser tirado do emprego que tinha.

Il grogna et gémit tandis que les rênes étaient retirées de son corps.
Ele rosnou e choramingou quando as rédeas foram puxadas de seu corpo.
Quand il vit Solleks à sa place, il pleura de douleur.
Quando viu Solleks em seu lugar, ele chorou de dor e de coração partido.
La fierté du travail sur les sentiers était profonde chez Dave, même à l'approche de la mort.
O orgulho do trabalho nas trilhas estava profundamente enraizado em Dave, mesmo quando a morte se aproximava.
Alors que le traîneau se déplaçait, Dave pataugeait dans la neige molle près du sentier.
Enquanto o trenó se movia, Dave cambaleava pela neve fofa perto da trilha.
Il a attaqué Solleks, le mordant et le poussant du côté du traîneau.
Ele atacou Solleks, mordendo-o e empurrando-o para longe do trenó.
Dave a essayé de sauter dans le harnais et de récupérer sa place de travail.
Dave tentou pular no arnês e retomar seu lugar de trabalho.
Il hurlait, gémissait et pleurait, déchiré entre la douleur et la fierté du travail.
Ele gritou, choramingou e gemeu, dividido entre a dor e o orgulho do trabalho de parto.
Le métis a utilisé son fouet pour essayer de chasser Dave de l'équipe.
O mestiço usou seu chicote para tentar afastar Dave do time.
Mais Dave ignora le coup de fouet, et l'homme ne put pas le frapper plus fort.
Mas Dave ignorou o chicote, e o homem não conseguiu atingi-lo com mais força.
Dave a refusé le chemin le plus facile derrière le traîneau, où la neige était tassée.
Dave recusou o caminho mais fácil atrás do trenó, onde a neve estava compactada.

Au lieu de cela, il se débattait dans la neige profonde à côté du sentier, dans la misère.
Em vez disso, ele lutou na neve profunda ao lado da trilha, em sofrimento.
Finalement, Dave s'est effondré, allongé dans la neige et hurlant de douleur.
Por fim, Dave desabou, ficando deitado na neve e gritando de dor.
Il cria tandis que le long train de traîneaux le dépassait un par un.
Ele gritou quando o longo trem de trenós passou por ele, um por um.
Pourtant, avec ce qu'il lui restait de force, il se leva et trébucha après eux.
Mesmo assim, com as poucas forças que lhe restavam, ele se levantou e cambaleou atrás deles.
Il l'a rattrapé lorsque le train s'est arrêté à nouveau et a retrouvé son vieux traîneau.
Ele o alcançou quando o trem parou novamente e encontrou seu velho trenó.
Il a dépassé les autres équipes et s'est retrouvé à nouveau aux côtés de Solleks.
Ele passou cambaleando pelos outros times e ficou ao lado de Solleks novamente.
Alors que le conducteur s'arrêtait pour allumer sa pipe, Dave saisit sa dernière chance.
Quando o motorista parou para acender seu cachimbo, Dave aproveitou sua última chance.
Lorsque le chauffeur est revenu et a crié, l'équipe n'a pas avancé.
Quando o motorista retornou e gritou, a equipe não avançou.
Les chiens avaient tourné la tête, déconcertés par l'arrêt soudain.
Os cães viraram a cabeça, confusos com a parada repentina.
Le conducteur était également choqué : le traîneau n'avait pas avancé d'un pouce.

O motorista também ficou chocado: o trenó não se moveu um centímetro para frente.
Il a appelé les autres pour qu'ils viennent voir ce qui s'était passé.
Ele chamou os outros para virem ver o que tinha acontecido.
Dave avait mâché les rênes de Solleks, les brisant toutes les deux.
Dave mastigou as rédeas de Solleks, quebrando ambas.
Il se tenait maintenant devant le traîneau, de retour à sa position légitime.
Agora ele estava em frente ao trenó, de volta à sua posição correta.
Dave leva les yeux vers le conducteur, le suppliant silencieusement de rester dans les traces.
Dave olhou para o motorista, implorando silenciosamente para que ele permanecesse na pista.
Le conducteur était perplexe, ne sachant pas quoi faire pour le chien en difficulté.
O motorista ficou confuso, sem saber o que fazer com o cachorro que estava sofrendo.
Les autres hommes parlaient de chiens qui étaient morts après avoir été emmenés dehors.
Os outros homens falaram de cães que morreram por terem sido levados para passear.
Ils ont parlé de chiens âgés ou blessés dont le cœur se brisait lorsqu'ils étaient abandonnés.
Eles contaram sobre cães velhos ou feridos cujos corações se partiram quando deixados para trás.
Ils ont convenu que c'était une preuve de miséricorde de laisser Dave mourir alors qu'il était encore dans son harnais.
Eles concordaram que seria uma misericórdia deixar Dave morrer enquanto ele ainda estava usando seu cinto.
Il était attaché au traîneau et Dave tirait avec fierté.
Ele foi preso novamente ao trenó, e Dave puxou com orgulho.
Même s'il criait parfois, il travaillait comme si la douleur pouvait être ignorée.

Embora ele gritasse às vezes, ele trabalhava como se a dor pudesse ser ignorada.

Plus d'une fois, il est tombé et a été traîné avant de se relever.

Mais de uma vez ele caiu e foi arrastado antes de se levantar novamente.

Un jour, le traîneau l'a écrasé et il a boité à partir de ce moment-là.

Certa vez, o trenó passou por cima dele, e ele mancou a partir daquele momento.

Il travailla néanmoins jusqu'à ce qu'il atteigne le camp, puis s'allongea près du feu.

Mesmo assim, ele trabalhou até chegar ao acampamento e então ficou deitado perto do fogo.

Le matin, Dave était trop faible pour voyager ou même se tenir debout.

Pela manhã, Dave estava fraco demais para andar ou mesmo ficar em pé.

Au moment de l'attelage, il essaya d'atteindre son conducteur avec un effort tremblant.

Na hora de arrear, ele tentou alcançar seu motorista com esforço trêmulo.

Il se força à se relever, tituba et s'effondra sur le sol enneigé.

Ele se forçou a levantar, cambaleou e caiu no chão nevado.

À l'aide de ses pattes avant, il a traîné son corps vers la zone de harnais.

Usando as patas dianteiras, ele arrastou o corpo em direção à área de arreios.

Il s'avança, pouce par pouce, vers les chiens de travail.

Ele avançou, centímetro por centímetro, em direção aos cães de trabalho.

Ses forces l'abandonnèrent, mais il continua d'avancer dans sa dernière poussée désespérée.

Suas forças acabaram, mas ele continuou se movendo em seu último esforço desesperado.

Ses coéquipiers l'ont vu haleter dans la neige, impatients de les rejoindre.

Seus companheiros de equipe o viram ofegante na neve, ainda ansioso para se juntar a eles.
Ils l'entendirent hurler de tristesse alors qu'ils quittaient le camp.
Eles o ouviram uivando de tristeza enquanto deixavam o acampamento para trás.
Alors que l'équipe disparaissait dans les arbres, le cri de Dave résonna derrière eux.
Enquanto a equipe desaparecia nas árvores, o grito de Dave ecoou atrás deles.
Le train de traîneaux s'est brièvement arrêté après avoir traversé un tronçon de forêt fluviale.
O trem de trenó parou brevemente depois de cruzar um trecho de matagal perto do rio.
Le métis écossais retourna lentement vers le camp situé derrière lui.
O mestiço escocês caminhou lentamente de volta para o acampamento atrás.
Les hommes ont arrêté de parler quand ils l'ont vu quitter le train de traîneaux.
Os homens pararam de falar quando o viram sair do trem de trenó.
Puis un coup de feu retentit clairement et distinctement de l'autre côté du sentier.
Então, um único tiro ecoou claro e agudo pela trilha.
L'homme revint rapidement et reprit sa place sans un mot.
O homem retornou rapidamente e assumiu seu lugar sem dizer uma palavra.
Les fouets claquaient, les cloches tintaient et les traîneaux roulaient dans la neige.
Chicotes estalavam, sinos tilintavam e os trenós rolavam pela neve.
Mais Buck savait ce qui s'était passé, et tous les autres chiens aussi.
Mas Buck sabia o que tinha acontecido — e todos os outros cães também.

Le travail des rênes et du sentier
O Trabalho das Rédeas e da Trilha

Trente jours après avoir quitté Dawson, le Salt Water Mail atteignit Skaguay.
Trinta dias depois de deixar Dawson, o Salt Water Mail chegou a Skaguay.

Buck et ses coéquipiers ont pris la tête, arrivant dans un état pitoyable.
Buck e seus companheiros assumiram a liderança, chegando em condições lamentáveis.

Buck était passé de cent quarante à cent quinze livres.
Buck havia caído de cento e quarenta para cento e quinze libras.

Les autres chiens, bien que plus petits, avaient perdu encore plus de poids.
Os outros cães, embora menores, perderam ainda mais peso corporal.

Pike, autrefois un faux boiteux, traînait désormais derrière lui une jambe véritablement blessée.
Pike, que antes era um falso manco, agora arrastava uma perna realmente machucada atrás de si.

Solleks boitait beaucoup et Dub avait une omoplate déchirée.
Solleks estava mancando muito, e Dub tinha uma escápula deslocada.

Tous les chiens de l'équipe avaient mal aux pieds après des semaines passées sur le sentier gelé.
Todos os cães da equipe estavam com dores nas patas devido às semanas na trilha congelada.

Ils n'avaient plus aucun ressort dans leurs pas, seulement un mouvement lent et traînant.
Eles não tinham mais elasticidade em seus passos, apenas um movimento lento e arrastado.

Leurs pieds heurtent durement le sentier, chaque pas ajoutant plus de tension à leur corps.

Seus pés batiam forte na trilha, e cada passo acrescentava mais tensão aos seus corpos.
Ils n'étaient pas malades, seulement épuisés au-delà de toute guérison naturelle.
Eles não estavam doentes, apenas esgotados além de qualquer recuperação natural.
Ce n'était pas la fatigue d'une dure journée, guérie par une nuit de repos.
Não era cansaço de um dia duro, curado com uma noite de descanso.
C'était un épuisement qui s'était construit lentement au fil de mois d'efforts épuisants.
Era uma exaustão construída lentamente ao longo de meses de esforço extenuante.
Il ne leur restait plus aucune force de réserve : ils avaient épuisé toutes leurs forces.
Não havia mais nenhuma força de reserva, eles já tinham esgotado tudo o que tinham.
Chaque muscle, chaque fibre et chaque cellule de leur corps étaient épuisés et usés.
Cada músculo, fibra e célula em seus corpos estava gasto e desgastado.
Et il y avait une raison : ils avaient parcouru deux mille cinq cents kilomètres.
E havia uma razão: eles percorreram mais de 4.000 quilômetros.
Ils ne s'étaient reposés que cinq jours au cours des mille huit cents derniers kilomètres.
Eles descansaram apenas cinco dias durante os últimos mil e oitocentos quilômetros.
Lorsqu'ils arrivèrent à Skaguay, ils semblaient à peine capables de se tenir debout.
Quando chegaram a Skaguay, eles mal conseguiam ficar de pé.
Ils ont lutté pour garder les rênes serrées et rester devant le traîneau.

Eles lutaram para manter as rédeas firmes e ficar à frente do trenó.
Dans les descentes, ils ont tout juste réussi à éviter d'être écrasés.
Nas descidas, eles só conseguiram evitar serem atropelados.
« Continuez, pauvres pieds endoloris », dit le chauffeur tandis qu'ils boitaient.
"Marchem, pobres pés doloridos", disse o motorista enquanto eles mancavam.
« C'est la dernière ligne droite, après quoi nous aurons tous droit à un long repos, c'est sûr. »
"Este é o último trecho, depois todos nós teremos um longo descanso, com certeza."
« Un très long repos », promit-il en les regardant avancer en titubant.
"Um descanso realmente longo", ele prometeu, observando-os cambalear para a frente.
Les pilotes s'attendaient à bénéficier d'une longue pause bien méritée.
Os pilotos esperavam que agora teriam uma longa e necessária pausa.
Ils avaient parcouru douze cents milles avec seulement deux jours de repos.
Eles viajaram mil e duzentos quilômetros com apenas dois dias de descanso.
Par souci d'équité et de raison, ils estimaient avoir mérité un temps de détente.
Por justiça e razão, eles sentiram que ganharam tempo para relaxar.
Mais trop de gens étaient venus au Klondike et trop peu étaient restés chez eux.
Mas muitos foram ao Klondike e poucos ficaram em casa.
Les lettres des familles ont afflué, créant des piles de courrier en retard.
Cartas de famílias chegavam em massa, criando pilhas de correspondências atrasadas.

Les ordres officiels sont arrivés : de nouveaux chiens de la Baie d'Hudson allaient prendre le relais.
Ordens oficiais chegaram: novos cães da Baía de Hudson iriam assumir o controle.
Les chiens épuisés, désormais considérés comme sans valeur, devaient être éliminés.
Os cães exaustos, agora considerados inúteis, deveriam ser descartados.
Comme l'argent comptait plus que les chiens, ils allaient être vendus à bas prix.
Como o dinheiro importava mais que os cães, eles seriam vendidos por um preço baixo.
Trois jours supplémentaires passèrent avant que les chiens ne ressentent à quel point ils étaient faibles.
Mais três dias se passaram antes que os cães percebessem o quão fracos estavam.
Le quatrième matin, deux hommes venus des États-Unis ont acheté toute l'équipe.
Na quarta manhã, dois homens dos Estados Unidos compraram o time inteiro.
La vente comprenait tous les chiens, ainsi que leur harnais usagé.
A venda incluiu todos os cães, além de seus arreios usados.
Les hommes s'appelaient mutuellement « Hal » et « Charles » lorsqu'ils concluaient l'affaire.
Os homens se chamavam de "Hal" e "Charles" enquanto concluíam o negócio.
Charles était d'âge moyen, pâle, avec des lèvres molles et des pointes de moustache féroces.
Charles era um homem de meia-idade, pálido, com lábios flácidos e pontas de bigode bem marcadas.
Hal était un jeune homme, peut-être âgé de dix-neuf ans, portant une ceinture bourrée de cartouches.
Hal era um rapaz, talvez dezenove anos, que usava um cinto cheio de cartuchos.
La ceinture contenait un gros revolver et un couteau de chasse, tous deux inutilisés.

O cinto continha um grande revólver e uma faca de caça, ambos sem uso.

Cela a montré à quel point il était inexpérimenté et inapte à la vie dans le Nord.

Isso mostrou o quão inexperiente e inadequado ele era para a vida no norte.

Aucun des deux hommes n'appartenait à la nature sauvage ; leur présence défiait toute raison.

Nenhum dos dois homens pertencia à natureza; suas presenças desafiavam toda a razão.

Buck a regardé l'argent échanger des mains entre l'acheteur et l'agent.

Buck observou o dinheiro sendo trocado entre o comprador e o agente.

Il savait que les conducteurs du train postal allaient le quitter comme les autres.

Ele sabia que os maquinistas do trem postal estavam abandonando sua vida, assim como os demais.

Ils suivirent Perrault et François, désormais irrévocables.

Eles seguiram Perrault e François, agora desaparecidos e irrecuperáveis.

Buck et l'équipe ont été conduits dans le camp négligé de leurs nouveaux propriétaires.

Buck e a equipe foram levados ao acampamento desleixado de seus novos donos.

La tente s'affaissait, la vaisselle était sale et tout était en désordre.

A barraca estava afundada, os pratos estavam sujos e tudo estava em desordem.

Buck remarqua également une femme : Mercedes, la femme de Charles et la sœur de Hal.

Buck também notou uma mulher ali — Mercedes, esposa de Charles e irmã de Hal.

Ils formaient une famille complète, bien que loin d'être adaptée au sentier.

Eles formavam uma família completa, embora nada adequados à trilha.

Buck regarda nerveusement le trio commencer à emballer les fournitures.
Buck observou nervosamente o trio começar a embalar os suprimentos.
Ils ont travaillé dur mais sans ordre, juste du grabuge et des efforts gaspillés.
Eles trabalharam duro, mas sem ordem — apenas confusão e esforço desperdiçado.
La tente a été roulée dans une forme volumineuse, beaucoup trop grande pour le traîneau.
A barraca foi enrolada em um formato volumoso, grande demais para o trenó.
La vaisselle sale a été emballée sans avoir été nettoyée ni séchée du tout.
Pratos sujos foram embalados sem serem limpos ou secos.
Mercedes voltigeait, parlant constamment, corrigeant et intervenant.
Mercedes andava por aí, falando, corrigindo e se intrometendo constantemente.
Lorsqu'un sac était placé à l'avant, elle insistait pour qu'il soit placé à l'arrière.
Quando um saco era colocado na frente, ela insistia que ele fosse colocado atrás.
Elle a mis le sac au fond, et l'instant d'après, elle en avait besoin.
Ela colocou o saco no fundo e no momento seguinte ela precisou dele.
Le traîneau a donc été déballé à nouveau pour atteindre le sac spécifique.
Então o trenó foi desempacotado novamente para chegar àquela bolsa específica.
À proximité, trois hommes se tenaient devant une tente, observant la scène se dérouler.
Perto dali, três homens estavam do lado de fora de uma barraca, observando a cena se desenrolar.
Ils souriaient, faisaient des clins d'œil et souriaient à la confusion évidente des nouveaux arrivants.

Eles sorriram, piscaram e riram da confusão óbvia dos recém-chegados.

« Vous avez déjà une charge très lourde », dit l'un des hommes.

"Você já tem uma carga bem pesada", disse um dos homens.

« Je ne pense pas que tu devrais porter cette tente, mais c'est ton choix. »

"Não acho que você deva carregar essa barraca, mas a escolha é sua."

« Inimaginable ! » s'écria Mercedes en levant les mains de désespoir.

"Inimaginável!" gritou Mercedes, erguendo as mãos em desespero.

« Comment pourrais-je voyager sans une tente sous laquelle dormir ? »

"Como eu poderia viajar sem uma barraca para ficar?"

« C'est le printemps, vous ne verrez plus jamais de froid », répondit l'homme.

"É primavera — você não verá mais frio", respondeu o homem.

Mais elle secoua la tête et ils continuèrent à empiler des objets sur le traîneau.

Mas ela balançou a cabeça, e eles continuaram empilhando itens no trenó.

La charge s'élevait dangereusement alors qu'ils ajoutaient les dernières choses.

A carga subiu perigosamente enquanto eles adicionavam as coisas finais.

« Tu penses que le traîneau va rouler ? » demanda l'un des hommes avec un regard sceptique.

"Você acha que o trenó vai andar?" perguntou um dos homens com um olhar cético.

« Pourquoi pas ? » rétorqua Charles, vivement agacé.

"Por que não?", Charles retrucou com grande irritação.

« Oh, ce n'est pas grave », dit rapidement l'homme, s'éloignant de l'offense.

"Ah, está tudo bem", disse o homem rapidamente, afastando-se da ofensa.

« Je me demandais juste – ça me semblait un peu trop lourd. »

"Eu só estava pensando — pareceu um pouco pesado demais para mim."

Charles se détourna et attacha la charge du mieux qu'il put.

Charles se virou e amarrou a carga da melhor maneira que pôde.

Mais les attaches étaient lâches et l'emballage mal fait dans l'ensemble.

Mas as amarrações estavam frouxas e a embalagem, no geral, estava mal feita.

« Bien sûr, les chiens tireront ça toute la journée », a dit un autre homme avec sarcasme.

"Claro, os cães vão fazer isso o dia todo", disse outro homem sarcasticamente.

« Bien sûr », répondit froidement Hal en saisissant le long mât du traîneau.

"Claro", respondeu Hal friamente, agarrando o longo mastro do trenó.

D'une main sur le poteau, il faisait tournoyer le fouet dans l'autre.

Com uma mão no mastro, ele balançava o chicote na outra.

« Allons-y ! » cria-t-il. « Allez ! » exhortant les chiens à démarrer.

"Vamos!", gritou ele. "Andem logo!", incitando os cães a se mexerem.

Les chiens se sont penchés sur le harnais et ont tendu pendant quelques instants.

Os cães se inclinaram no arreio e se esforçaram por alguns momentos.

Puis ils s'arrêtèrent, incapables de déplacer d'un pouce le traîneau surchargé.

Então eles pararam, incapazes de mover o trenó sobrecarregado um centímetro sequer.

« Ces brutes paresseuses ! » hurla Hal en levant le fouet pour les frapper.

"Que brutos preguiçosos!" Hal gritou, levantando o chicote para atacá-los.

Mais Mercedes s'est précipitée et a saisi le fouet des mains de Hal.

Mas Mercedes correu e pegou o chicote das mãos de Hal.

« Oh, Hal, n'ose pas leur faire de mal », s'écria-t-elle, alarmée.

"Oh, Hal, não ouse machucá-los", ela gritou alarmada.

« Promets-moi que tu seras gentil avec eux, sinon je n'irai pas plus loin. »

"Prometa-me que será gentil com eles, ou não darei mais nenhum passo."

« Tu ne connais rien aux chiens », lança Hal à sa sœur.

"Você não sabe nada sobre cachorros", Hal retrucou para sua irmã.

« Ils sont paresseux, et la seule façon de les déplacer est de les fouetter. »

"Eles são preguiçosos, e a única maneira de movê-los é chicoteá-los."

« Demandez à n'importe qui, demandez à l'un de ces hommes là-bas si vous doutez de moi. »

"Pergunte a qualquer um — pergunte a um daqueles homens ali se você duvida de mim."

Mercedes regarda les spectateurs avec des yeux suppliants et pleins de larmes.

Mercedes olhou para os espectadores com olhos suplicantes e lacrimejantes.

Son visage montrait à quel point elle détestait la vue de la douleur.

Seu rosto mostrava o quanto ela odiava a visão de qualquer dor.

« Ils sont faibles, c'est tout », dit un homme. « Ils sont épuisés. »

"Eles estão fracos, só isso", disse um homem. "Estão exaustos."

« Ils ont besoin de repos, ils ont travaillé trop longtemps sans pause. »

"Eles precisam de descanso, pois trabalharam muito tempo sem fazer uma pausa."

« Que le repos soit maudit », murmura Hal, la lèvre retroussée.

"Que o resto seja amaldiçoado", Hal murmurou com o lábio curvado.

Mercedes haleta, clairement peinée par ce mot grossier de sa part.

Mercedes engasgou, claramente magoada com a palavra grosseira dele.

Pourtant, elle est restée loyale et a immédiatement défendu son frère.

Mesmo assim, ela permaneceu leal e defendeu seu irmão instantaneamente.

« Ne fais pas attention à cet homme », dit-elle à Hal. « Ce sont nos chiens. »

"Não ligue para aquele homem", disse ela a Hal. "Eles são nossos cachorros."

« Vous les conduisez comme bon vous semble, faites ce que vous pensez être juste. »

"Você os dirige como achar melhor — faça o que achar certo."

Hal leva le fouet et frappa à nouveau les chiens sans pitié.

Hal levantou o chicote e golpeou os cães novamente sem piedade.

Ils se sont précipités en avant, le corps bas, les pieds poussant dans la neige.

Eles avançaram, com os corpos abaixados e os pés fincados na neve.

Toutes leurs forces étaient utilisées pour tirer, mais le traîneau ne bougeait pas.

Toda a força deles foi direcionada para puxar, mas o trenó não se movia.

Le traîneau est resté coincé, comme une ancre figée dans la neige tassée.

O trenó ficou preso, como uma âncora congelada na neve compactada.

Après un deuxième effort, les chiens s'arrêtèrent à nouveau, haletants.

Após uma segunda tentativa, os cães pararam novamente, ofegando intensamente.

Hal leva à nouveau le fouet, juste au moment où Mercedes intervenait à nouveau.

Hal levantou o chicote mais uma vez, no momento em que Mercedes interferiu novamente.

Elle tomba à genoux devant Buck et lui serra le cou.

Ela caiu de joelhos na frente de Buck e abraçou seu pescoço.

Les larmes lui montèrent aux yeux tandis qu'elle suppliait le chien épuisé.

Lágrimas encheram seus olhos enquanto ela implorava ao cachorro exausto.

« Pauvres chéris », dit-elle, « pourquoi ne tirez-vous pas plus fort ? »

"Coitados", ela disse, "por que vocês não puxam com mais força?"

« Si tu tires, tu ne seras pas fouetté comme ça. »

"Se você puxar, não será chicoteado desse jeito."

Buck n'aimait pas Mercedes, mais il était trop fatigué pour lui résister maintenant.

Buck não gostava de Mercedes, mas estava cansado demais para resistir a ela agora.

Il accepta ses larmes comme une simple partie de cette journée misérable.

Ele aceitou as lágrimas dela como apenas mais uma parte daquele dia miserável.

L'un des hommes qui regardaient a finalement parlé après avoir retenu sa colère.

Um dos homens que assistiam finalmente falou depois de conter sua raiva.

« Je me fiche de ce qui vous arrive, mais ces chiens comptent. »

"Não me importa o que aconteça com vocês, mas esses cães são importantes."

« Si vous voulez aider, détachez ce traîneau, il est gelé dans la neige. »

"Se você quiser ajudar, solte esse trenó, ele está congelado na neve."

« Appuyez fort sur la perche, à droite et à gauche, et brisez le sceau de glace. »

"Empurre o mastro com força, para a direita e para a esquerda, e quebre a camada de gelo."

Une troisième tentative a été faite, cette fois-ci suite à la suggestion de l'homme.

Uma terceira tentativa foi feita, desta vez seguindo a sugestão do homem.

Hal a balancé le traîneau d'un côté à l'autre, libérant les patins.

Hal balançou o trenó de um lado para o outro, soltando os patins.

Le traîneau, bien que surchargé et maladroit, a finalement fait un bond en avant.

O trenó, embora sobrecarregado e desajeitado, finalmente deu um solavanco para a frente.

Buck et les autres tiraient sauvagement, poussés par une tempête de coups de fouet.

Buck e os outros puxavam descontroladamente, impulsionados por uma tempestade de chicotadas.

Une centaine de mètres plus loin, le sentier courbait et descendait en pente dans la rue.

Cem metros à frente, a trilha fazia uma curva e descia até a rua.

Il aurait fallu un conducteur expérimenté pour maintenir le traîneau droit.

Seria necessário um motorista habilidoso para manter o trenó na posição vertical.

Hal n'était pas habile et le traîneau a basculé en tournant dans le virage.

Hal não era habilidoso, e o trenó tombou ao fazer a curva.

Les sangles lâches ont cédé et la moitié de la charge s'est répandue sur la neige.
As amarras frouxas cederam e metade da carga caiu na neve.
Les chiens ne s'arrêtèrent pas ; le traîneau le plus léger volait sur le côté.
Os cães não pararam; o trenó mais leve voou de lado.
En colère à cause des mauvais traitements et du lourd fardeau, les chiens couraient plus vite.
Irritados com os abusos e o fardo pesado, os cães correram mais rápido.
Buck, furieux, s'est mis à courir, suivi par l'équipe.
Buck, furioso, começou a correr, com a equipe seguindo atrás.
Hal a crié « Whoa ! Whoa ! » mais l'équipe ne lui a pas prêté attention.
Hal gritou "Uau! Uau!", mas a equipe não lhe deu atenção.
Il a trébuché, est tombé et a été traîné au sol par le harnais.
Ele tropeçou, caiu e foi arrastado pelo chão pelo arnês.
Le traîneau renversé l'a heurté tandis que les chiens couraient devant.
O trenó virado passou por cima dele enquanto os cães corriam na frente.
Le reste des fournitures est dispersé dans la rue animée de Skaguay.
O restante dos suprimentos foi espalhado pela movimentada rua de Skaguay.
Des personnes au grand cœur se sont précipitées pour arrêter les chiens et rassembler le matériel.
Pessoas bondosas correram para parar os cães e recolher os equipamentos.
Ils ont également donné des conseils, directs et pratiques, aux nouveaux voyageurs.
Eles também deram conselhos diretos e práticos aos novos viajantes.
« Si vous voulez atteindre Dawson, prenez la moitié du chargement et doublez les chiens. »
"Se você quiser chegar a Dawson, leve metade da carga e o dobro dos cães."

Hal, Charles et Mercedes écoutaient, mais sans enthousiasme.
Hal, Charles e Mercedes ouviram, embora não com entusiasmo.
Ils ont installé leur tente et ont commencé à trier leurs provisions.
Eles montaram suas barracas e começaram a separar seus suprimentos.
Des conserves sont sorties, ce qui a fait rire les spectateurs.
Saíram alimentos enlatados, o que fez os espectadores rirem alto.
« Des conserves sur le sentier ? Tu vas mourir de faim avant qu'elles ne fondent », a dit l'un d'eux.
"Enlatados na trilha? Você vai morrer de fome antes que derreta", disse um deles.
« Des couvertures d'hôtel ? Tu ferais mieux de toutes les jeter. »
"Cobertores de hotel? É melhor jogar tudo fora."
« Laissez tomber la tente aussi, et personne ne fait la vaisselle ici. »
"Tirem a barraca também, e ninguém lava louça aqui."
« Tu crois que tu voyages dans un train Pullman avec des domestiques à bord ? »
"Você acha que está viajando em um trem Pullman com empregados a bordo?"
Le processus a commencé : chaque objet inutile a été jeté de côté.
O processo começou: todos os itens inúteis foram jogados de lado.
Mercedes a pleuré lorsque ses sacs ont été vidés sur le sol enneigé.
Mercedes chorou quando suas malas foram esvaziadas no chão coberto de neve.
Elle sanglotait sur chaque objet jeté, un par un, sans pause.
Ela soluçava por cada item jogado fora, um por um, sem parar.

Elle jura de ne plus faire un pas de plus, même pas pendant dix Charles.
Ela jurou não dar mais um passo — nem mesmo por dez Charleses.
Elle a supplié chaque personne à proximité de la laisser garder ses objets précieux.
Ela implorou a cada pessoa próxima que a deixasse ficar com suas coisas preciosas.
Finalement, elle s'essuya les yeux et commença à jeter même les vêtements essentiels.
Por fim, ela enxugou os olhos e começou a jogar fora até as roupas vitais.
Une fois les siennes terminées, elle commença à vider les provisions des hommes.
Quando terminou de lavar as suas roupas, ela começou a esvaziar os suprimentos dos homens.
Comme un tourbillon, elle a déchiré les affaires de Charles et Hal.
Como um redemoinho, ela destruiu os pertences de Charles e Hal.
Même si la charge était réduite de moitié, elle était encore bien plus lourde que nécessaire.
Embora a carga tenha sido reduzida pela metade, ela ainda era muito mais pesada do que o necessário.
Cette nuit-là, Charles et Hal sont sortis et ont acheté six nouveaux chiens.
Naquela noite, Charles e Hal saíram e compraram seis novos cães.
Ces nouveaux chiens ont rejoint les six originaux, plus Teek et Koona.
Esses novos cães se juntaram aos seis originais, além de Teek e Koona.
Ensemble, ils formaient une équipe de quatorze chiens attelés au traîneau.
Juntos, eles formaram uma equipe de quatorze cães atrelados ao trenó.

Mais les nouveaux chiens n'étaient pas aptes et mal entraînés au travail en traîneau.
Mas os novos cães eram inadequados e mal treinados para o trabalho de trenó.
Trois des chiens étaient des pointeurs à poil court et un était un Terre-Neuve.
Três dos cães eram pointers de pelo curto, e um era um Terra-Nova.
Les deux derniers chiens étaient des bâtards sans race ni objectif clairement définis.
Os dois últimos cães eram vira-latas, sem raça ou propósito claro.
Ils n'ont pas compris le sentier et ne l'ont pas appris rapidement.
Eles não entendiam a trilha e não a aprenderam rapidamente.
Buck et ses compagnons les regardaient avec mépris et une profonde irritation.
Buck e seus companheiros os observavam com desprezo e profunda irritação.
Bien que Buck leur ait appris ce qu'il ne fallait pas faire, il ne pouvait pas leur enseigner le devoir.
Embora Buck lhes tenha ensinado o que não fazer, ele não conseguiu ensinar o que é dever.
Ils n'ont pas bien supporté la vie sur les sentiers ni la traction des rênes et des traîneaux.
Eles não se adaptaram bem à vida nas trilhas nem à tração de rédeas e trenós.
Seuls les bâtards essayaient de s'adapter, et même eux manquaient d'esprit combatif.
Somente os vira-latas tentaram se adaptar, e mesmo eles não tinham espírito de luta.
Les autres chiens étaient confus, affaiblis et brisés par leur nouvelle vie.
Os outros cães estavam confusos, enfraquecidos e destruídos pela nova vida.
Les nouveaux chiens étant désemparés et les anciens épuisés, l'espoir était mince.

Com os novos cães sem noção e os antigos exaustos, a esperança era tênue.
L'équipe de Buck avait parcouru deux mille cinq cents kilomètres de sentiers difficiles.
A equipe de Buck percorreu mais de 4.000 quilômetros de trilhas acidentadas.
Pourtant, les deux hommes étaient joyeux et fiers de leur grande équipe de chiens.
Ainda assim, os dois homens estavam alegres e orgulhosos de sua grande equipe de cães.
Ils pensaient voyager avec style, avec quatorze chiens attelés.
Eles achavam que estavam viajando com estilo, com quatorze cachorros atrelados.
Ils avaient vu des traîneaux partir pour Dawson, et d'autres en arriver.
Eles viram trenós partindo para Dawson e outros chegando de lá.
Mais ils n'en avaient jamais vu un tiré par quatorze chiens.
Mas nunca tinham visto um puxado por mais de quatorze cães.
Il y avait une raison pour laquelle de telles équipes étaient rares dans la nature sauvage de l'Arctique.
Havia uma razão pela qual essas equipes eram raras na natureza selvagem do Ártico.
Aucun traîneau ne pouvait transporter suffisamment de nourriture pour nourrir quatorze chiens pendant le voyage.
Nenhum trenó conseguia transportar comida suficiente para alimentar quatorze cães durante a viagem.
Mais Charles et Hal ne le savaient pas : ils avaient fait le calcul.
Mas Charles e Hal não sabiam disso — eles tinham feito as contas.
Ils ont planifié la nourriture : tant par chien, tant de jours, et c'est fait.
Eles planejaram a comida: uma quantidade por cão, para muitos dias, e pronto.

Mercedes regarda leurs chiffres et hocha la tête comme si cela avait du sens.
Mercedes olhou para as figuras e assentiu como se fizesse sentido.
Tout cela lui semblait très simple, du moins sur le papier.
Tudo parecia muito simples para ela, pelo menos no papel.

Le lendemain matin, Buck conduisit lentement l'équipe dans la rue enneigée.
Na manhã seguinte, Buck liderou a equipe lentamente pela rua coberta de neve.
Il n'y avait aucune énergie ni aucun esprit en lui ou chez les chiens derrière lui.
Não havia energia nem ânimo nele nem nos cães atrás dele.
Ils étaient épuisés dès le départ, il n'y avait plus de réserve.
Eles estavam mortos de cansaço desde o início: não havia mais nenhuma reserva.
Buck avait déjà effectué quatre voyages entre Salt Water et Dawson.
Buck já havia feito quatro viagens entre Salt Water e Dawson.
Maintenant, confronté à nouveau à la même épreuve, il ne ressentait que de l'amertume.
Agora, diante da mesma trilha novamente, ele não sentia nada além de amargura.
Son cœur n'y était pas, ni celui des autres chiens.
O coração dele não estava nisso, nem o dos outros cães.
Les nouveaux chiens étaient timides et les huskies manquaient totalement de confiance.
Os novos cães eram tímidos, e os huskies não demonstravam nenhuma confiança.
Buck sentait qu'il ne pouvait pas compter sur ces deux hommes ou sur leur sœur.
Buck sentiu que não podia confiar nesses dois homens ou na irmã deles.
Ils ne savaient rien et ne montraient aucun signe d'apprentissage sur le sentier.

Eles não sabiam de nada e não mostraram sinais de aprendizado na trilha.
Ils étaient désorganisés et manquaient de tout sens de la discipline.
Eles eram desorganizados e não tinham nenhum senso de disciplina.
Il leur fallait à chaque fois la moitié de la nuit pour monter un campement bâclé.
Eles levavam metade da noite para montar um acampamento desleixado em cada uma delas.
Et ils passèrent la moitié de la matinée suivante à tâtonner à nouveau avec le traîneau.
E eles passaram metade da manhã seguinte mexendo no trenó novamente.
À midi, ils s'arrêtaient souvent juste pour réparer la charge inégale.
Ao meio-dia, eles geralmente paravam apenas para consertar a carga irregular.
Certains jours, ils parcouraient moins de dix milles au total.
Em alguns dias, eles viajaram menos de dezesseis quilômetros no total.
D'autres jours, ils ne parvenaient pas du tout à quitter le camp.
Em outros dias, eles não conseguiam sair do acampamento.
Ils n'ont jamais réussi à couvrir la distance alimentaire prévue.
Eles nunca chegaram perto de cobrir a distância planejada para levar comida.
Comme prévu, ils ont très vite manqué de nourriture pour les chiens.
Como esperado, eles ficaram sem comida para os cães muito rapidamente.
Ils ont aggravé la situation en les suralimentant au début.
Eles pioraram a situação ao superalimentar nos primeiros dias.
À chaque ration négligée, la famine se rapprochait.
Isso fazia com que a fome se aproximasse a cada ração descuidada.

Les nouveaux chiens n'avaient pas appris à survivre avec très peu.
Os novos cães não aprenderam a sobreviver com muito pouco.
Ils mangeaient avec faim, avec un appétit trop grand pour le sentier.
Eles comeram com fome, com apetites grandes demais para a trilha.
Voyant les chiens s'affaiblir, Hal pensait que la nourriture n'était pas suffisante.
Vendo os cães enfraquecerem, Hal acreditou que a comida não era suficiente.
Il a doublé les rations, rendant l'erreur encore pire.
Ele dobrou as rações, piorando ainda mais o erro.
Mercedes a aggravé le problème avec ses larmes et ses douces supplications.
Mercedes agravou o problema com lágrimas e súplicas suaves.
Comme elle n'arrivait pas à convaincre Hal, elle nourrissait les chiens en secret.
Quando ela não conseguiu convencer Hal, ela alimentou os cães em segredo.
Elle a volé des sacs de poissons et les leur a donnés dans son dos.
Ela roubou alguns sacos de peixe e deu para eles pelas costas dele.
Mais ce dont les chiens avaient réellement besoin, ce n'était pas de plus de nourriture, mais de repos.
Mas o que os cães realmente precisavam não era de mais comida, era de descanso.
Ils progressaient mal, mais le lourd traîneau continuait à avancer.
Eles estavam avançando muito rápido, mas o pesado trenó ainda se arrastava.
Ce poids à lui seul épuisait chaque jour leurs forces restantes.
Esse peso por si só drenava as forças que restavam a cada dia.
Puis vint l'étape de la sous-alimentation, les réserves s'épuisant.

Depois veio a fase da subalimentação, pois os suprimentos estavam acabando.

Un matin, Hal s'est rendu compte que la moitié de la nourriture pour chien avait déjà disparu.

Hal percebeu uma manhã que metade da comida do cachorro já tinha acabado.

Ils n'avaient parcouru qu'un quart de la distance totale du sentier.

Eles percorreram apenas um quarto da distância total da trilha.

On ne pouvait plus acheter de nourriture, quel que soit le prix proposé.

Não era mais possível comprar comida, não importava o preço oferecido.

Il a réduit les portions des chiens en dessous de la ration quotidienne standard.

Ele reduziu as porções dos cães abaixo da ração diária padrão.

Dans le même temps, il a exigé des voyages plus longs pour compenser la perte.

Ao mesmo tempo, ele exigiu viagens mais longas para compensar a perda.

Mercedes et Charles ont soutenu ce plan, mais ont échoué dans son exécution.

Mercedes e Charles apoiaram o plano, mas falharam na execução.

Leur lourd traîneau et leur manque de compétences rendaient la progression presque impossible.

O trenó pesado e a falta de habilidade tornavam o progresso quase impossível.

Il était facile de donner moins de nourriture, mais impossible de forcer plus d'efforts.

Era fácil dar menos comida, mas impossível forçar mais esforço.

Ils ne pouvaient pas commencer plus tôt, ni voyager pendant des heures supplémentaires.

Eles não podiam começar cedo, nem viajar por horas extras.

Ils ne savaient pas comment travailler les chiens, ni eux-mêmes d'ailleurs.
Eles não sabiam como lidar com os cães, nem com eles mesmos.

Le premier chien à mourir était Dub, le voleur malchanceux mais travailleur.
O primeiro cachorro a morrer foi Dub, o ladrão azarado, mas trabalhador.

Bien que souvent puni, Dub avait fait sa part sans se plaindre.
Embora frequentemente punido, Dub fez sua parte sem reclamar.

Son épaule blessée s'est aggravée sans qu'il soit nécessaire de prendre soin de lui et de se reposer.
Seu ombro machucado piorou sem cuidados ou necessidade de descanso.

Finalement, Hal a utilisé le revolver pour mettre fin aux souffrances de Dub.
Por fim, Hal usou o revólver para acabar com o sofrimento de Dub.

Un dicton courant dit que les chiens normaux meurent à cause des rations de husky.
Um ditado comum afirma que cães normais morrem com rações de huskies.

Les six nouveaux compagnons de Buck n'avaient que la moitié de la part de nourriture du husky.
Os seis novos companheiros de Buck tinham apenas metade da comida do husky.

Le Terre-Neuve est mort en premier, puis les trois braques à poil court.
O Terra Nova morreu primeiro, depois os três pointers de pelo curto.

Les deux bâtards résistèrent plus longtemps mais finirent par périr comme les autres.
Os dois vira-latas resistiram mais, mas finalmente pereceram como os demais.

À cette époque, toutes les commodités et la douceur du Southland avaient disparu.
Nessa época, todas as comodidades e gentilezas do Southland já tinham desaparecido.
Les trois personnes avaient perdu les dernières traces de leur éducation civilisée.
As três pessoas haviam se livrado dos últimos vestígios de sua educação civilizada.
Dépouillé de glamour et de romantisme, le voyage dans l'Arctique est devenu brutalement réel.
Desprovida de glamour e romance, a viagem ao Ártico se tornou brutalmente real.
C'était une réalité trop dure pour leur sens de la virilité et de la féminité.
Era uma realidade dura demais para seu senso de masculinidade e feminilidade.
Mercedes ne pleurait plus pour les chiens, mais maintenant elle pleurait seulement pour elle-même.
Mercedes não chorava mais pelos cachorros, mas agora chorava apenas por si mesma.
Elle passait son temps à pleurer et à se disputer avec Hal et Charles.
Ela passou o tempo chorando e brigando com Hal e Charles.
Se disputer était la seule chose qu'ils n'étaient jamais trop fatigués de faire.
Brigar era a única coisa que eles nunca estavam cansados de fazer.
Leur irritabilité provenait de la misère, grandissait avec elle et la surpassait.
A irritabilidade deles vinha da miséria, crescia com ela e a superava.
La patience du sentier, connue de ceux qui peinent et souffrent avec bienveillance, n'est jamais venue.
A paciência da trilha, conhecida por aqueles que trabalham e sofrem gentilmente, nunca chegou.
Cette patience, qui garde la parole douce malgré la douleur, leur était inconnue.

Aquela paciência, que mantém a fala doce em meio à dor, era desconhecida para eles.

Ils n'avaient aucune trace de patience, aucune force tirée de la souffrance avec grâce.

Eles não tinham nenhum pingo de paciência, nenhuma força extraída do sofrimento com graça.

Ils étaient raides de douleur : leurs muscles, leurs os et leur cœur étaient douloureux.

Eles estavam rígidos de dor — dores nos músculos, ossos e corações.

À cause de cela, ils devinrent acerbes et prompts à prononcer des paroles dures.

Por isso, eles se tornaram afiados na língua e rápidos nas palavras duras.

Chaque jour commençait et se terminait par des voix en colère et des plaintes amères.

Cada dia começava e terminava com vozes raivosas e reclamações amargas.

Charles et Hal se disputaient chaque fois que Mercedes leur en donnait l'occasion.

Charles e Hal brigavam sempre que Mercedes lhes dava uma chance.

Chaque homme estimait avoir fait plus que sa juste part du travail.

Cada homem acreditava que fazia mais do que sua parte do trabalho.

Aucun des deux n'a jamais manqué une occasion de le dire, encore et encore.

Nenhum dos dois perdeu a oportunidade de dizer isso, repetidas vezes.

Parfois, Mercedes se rangeait du côté de Charles, parfois du côté de Hal.

Às vezes Mercedes ficava do lado de Charles, às vezes do lado de Hal.

Cela a conduit à une grande et interminable querelle entre les trois.

Isso levou a uma grande e interminável discussão entre os três.
Une dispute sur la question de savoir qui devait couper le bois de chauffage est devenue incontrôlable.
Uma disputa sobre quem deveria cortar lenha saiu do controle.
Bientôt, les pères, les mères, les cousins et les parents décédés ont été nommés.
Logo, pais, mães, primos e parentes mortos foram nomeados.
Les opinions de Hal sur l'art ou les pièces de son oncle sont devenues partie intégrante du combat.
As opiniões de Hal sobre arte ou as peças de seu tio se tornaram parte da briga.
Les convictions politiques de Charles sont également entrées dans le débat.
As convicções políticas de Charles também entraram no debate.
Pour Mercedes, même les ragots de la sœur de son mari semblaient pertinents.
Para Mercedes, até as fofocas da irmã do marido pareciam relevantes.
Elle a exprimé son opinion sur ce sujet et sur de nombreux défauts de la famille de Charles.
Ela expressou opiniões sobre isso e sobre muitas das falhas da família de Charles.
Pendant qu'ils se disputaient, le feu restait éteint et le camp à moitié monté.
Enquanto eles discutiam, o fogo permaneceu apagado e o acampamento estava meio armado.
Pendant ce temps, les chiens restaient froids et sans nourriture.
Enquanto isso, os cães continuaram com frio e sem comida.
Mercedes avait un grief qu'elle considérait comme profondément personnel.
Mercedes tinha uma queixa que considerava profundamente pessoal.

Elle se sentait maltraitée en tant que femme, privée de ses doux privilèges.
Ela se sentiu maltratada como mulher e teve seus privilégios de gentil negados.
Elle était jolie et douce, et habituée à la chevalerie toute sa vie.
Ela era bonita e gentil, e acostumada ao cavalheirismo durante toda a vida.
Mais son mari et son frère la traitaient désormais avec impatience.
Mas seu marido e seu irmão agora a tratavam com impaciência.
Elle avait pour habitude d'agir comme si elle était impuissante, et ils commencèrent à se plaindre.
O hábito dela era agir de forma desamparada, e eles começaram a reclamar.
Offensée par cela, elle leur rendit la vie encore plus difficile.
Ofendida com isso, ela tornou a vida deles ainda mais difícil.
Elle a ignoré les chiens et a insisté pour conduire elle-même le traîneau.
Ela ignorou os cães e insistiu em andar de trenó sozinha.
Bien que légère en apparence, elle pesait cent vingt livres.
Embora de aparência leve, ela pesava 60 quilos.
Ce fardeau supplémentaire était trop lourd pour les chiens affamés et faibles.
Esse fardo adicional era demais para os cães famintos e fracos.
Elle a continué à monter pendant des jours, jusqu'à ce que les chiens s'effondrent sous les rênes.
Mesmo assim, ela cavalgou por dias, até que os cães desabaram nas rédeas.
Le traîneau s'arrêta et Charles et Hal la supplièrent de marcher.
O trenó parou, e Charles e Hal imploraram para que ela andasse.
Ils la supplièrent et la supplièrent, mais elle pleura et les traita de cruels.

Eles imploraram e suplicaram, mas ela chorou e os chamou de cruéis.

À une occasion, ils l'ont tirée du traîneau avec force et colère.

Em uma ocasião, eles a puxaram para fora do trenó com muita força e raiva.

Ils n'ont plus jamais essayé après ce qui s'est passé cette fois-là.

Eles nunca mais tentaram depois do que aconteceu daquela vez.

Elle devint molle comme un enfant gâté et s'assit dans la neige.

Ela ficou mole como uma criança mimada e sentou-se na neve.

Ils continuèrent leur chemin, mais elle refusa de se lever ou de les suivre.

Eles seguiram em frente, mas ela se recusou a se levantar ou segui-los.

Après trois milles, ils s'arrêtèrent, revinrent et la ramenèrent.

Depois de três milhas, eles pararam, retornaram e a carregaram de volta.

Ils l'ont rechargée sur le traîneau, en utilisant encore une fois la force brute.

Eles a recarregaram no trenó, novamente usando força bruta.

Dans leur profonde misère, ils étaient insensibles à la souffrance des chiens.

Em sua profunda miséria, eles eram insensíveis ao sofrimento dos cães.

Hal croyait qu'il fallait s'endurcir et il a imposé cette croyance aux autres.

Hal acreditava que era preciso endurecer as pessoas e forçava essa crença aos outros.

Il a d'abord essayé de prêcher sa philosophie à sa sœur

Ele primeiro tentou pregar sua filosofia para sua irmã

et puis, sans succès, il prêcha à son beau-frère.

e então, sem sucesso, ele pregou para seu cunhado.

Il a eu plus de succès avec les chiens, mais seulement parce qu'il leur a fait du mal.

Ele teve mais sucesso com os cães, mas apenas porque os machucou.

Chez Five Fingers, la nourriture pour chiens est complètement épuisée.

No Five Fingers, a comida do cachorro acabou completamente.

Une vieille squaw édentée a vendu quelques kilos de peau de cheval congelée

Uma velha índia desdentada vendeu alguns quilos de couro de cavalo congelado

Hal a échangé son revolver contre la peau de cheval séchée.

Hal trocou seu revólver pelo couro de cavalo seco.

La viande provenait de chevaux affamés d'éleveurs de bétail des mois auparavant.

A carne vinha de cavalos famintos de pecuaristas meses antes.

Gelée, la peau était comme du fer galvanisé ; dure et immangeable.

Congelada, a pele era como ferro galvanizado: dura e intragável.

Les chiens devaient mâcher la peau sans fin pour la manger.

Os cães tinham que mastigar sem parar o couro para comê-lo.

Mais les cordes en cuir et les cheveux courts n'étaient guère une nourriture.

Mas as cordas coriáceas e os pelos curtos dificilmente serviam de alimento.

La majeure partie de la peau était irritante et ne constituait pas véritablement de la nourriture.

A maior parte da pele era irritante e não era comida no sentido verdadeiro.

Et pendant tout ce temps, Buck titubait en tête, comme dans un cauchemar.

E durante todo esse tempo, Buck cambaleou na frente, como em um pesadelo.

Il tirait quand il le pouvait ; quand il ne le pouvait pas, il restait allongé jusqu'à ce qu'un fouet ou un gourdin le relève.

Ele puxava quando podia; quando não, ficava deitado até que o chicote ou o porrete o levantassem.

Son pelage fin et brillant avait perdu toute sa rigidité et son éclat d'autrefois.

Sua pelagem fina e brilhante havia perdido toda a rigidez e o brilho que outrora possuía.

Ses cheveux pendaient, mous, en bataille et coagulés par le sang séché des coups.

Seus cabelos estavam caídos, desgrenhados e cobertos de sangue seco dos golpes.

Ses muscles se sont réduits à l'état de cordes et ses coussinets de chair étaient tous usés.

Seus músculos encolheram até virarem cordas, e suas almofadas de carne estavam todas desgastadas.

Chaque côte, chaque os apparaissait clairement à travers les plis de la peau ridée.

Cada costela, cada osso aparecia claramente através de dobras de pele enrugada.

C'était déchirant, mais le cœur de Buck ne pouvait pas se briser.

Foi de partir o coração, mas o coração de Buck não pôde se partir.

L'homme au pull rouge avait testé cela et l'avait prouvé il y a longtemps.

O homem do suéter vermelho já havia testado e provado isso há muito tempo.

Comme ce fut le cas pour Buck, ce fut le cas pour tous ses coéquipiers restants.

Assim como aconteceu com Buck, aconteceu com todos os seus companheiros de equipe restantes.

Il y en avait sept au total, chacun étant un squelette ambulant de misère.

Eram sete no total, cada um deles um esqueleto ambulante de miséria.

Ils étaient devenus insensibles au fouet, ne ressentant qu'une douleur lointaine.

Eles ficaram insensíveis ao chicote, sentindo apenas uma dor distante.
Même la vue et le son leur parvenaient faiblement, comme à travers un épais brouillard.
Até mesmo a visão e o som chegavam até eles fracamente, como se estivessem através de uma névoa espessa.
Ils n'étaient pas à moitié vivants : c'étaient des os avec de faibles étincelles à l'intérieur.
Eles não estavam meio vivos — eram ossos com faíscas fracas dentro.
Lorsqu'ils s'arrêtèrent, ils s'effondrèrent comme des cadavres, leurs étincelles presque éteintes.
Quando parados, eles desmoronavam como cadáveres, com suas faíscas quase apagadas.
Et lorsque le fouet ou le gourdin frappaient à nouveau, les étincelles voltigeaient faiblement.
E quando o chicote ou o porrete batiam novamente, as faíscas tremulavam fracamente.
Puis ils se levèrent, titubèrent en avant et traînèrent leurs membres en avant.
Então eles se levantaram, cambalearam para a frente e arrastaram seus membros para a frente.
Un jour, le gentil Billee tomba et ne put plus se relever du tout.
Um dia, o gentil Billee caiu e não conseguiu mais se levantar.
Hal avait échangé son revolver, alors il a utilisé une hache pour tuer Billee à la place.
Hal havia trocado seu revólver, então ele usou um machado para matar Billee.
Il le frappa à la tête, puis lui coupa le corps et le traîna.
Ele o atingiu na cabeça, então libertou seu corpo e o arrastou para longe.
Buck vit cela, et les autres aussi ; ils savaient que la mort était proche.
Buck viu isso, e os outros também; eles sabiam que a morte estava próxima.

Le lendemain, Koona partit, ne laissant que cinq chiens dans l'équipe affamée.

No dia seguinte, Koona foi embora, deixando apenas cinco cães no grupo faminto.

Joe, qui n'était plus méchant, était trop loin pour se rendre compte de quoi que ce soit.

Joe não era mais mau, estava muito malvado para ter consciência de qualquer coisa.

Pike, ne faisant plus semblant d'être blessé, était à peine conscient.

Pike, sem fingir mais o ferimento, estava quase inconsciente.

Solleks, toujours fidèle, se lamentait de ne plus avoir de force à donner.

Solleks, ainda fiel, lamentou não ter forças para dar.

Teek a été le plus battu parce qu'il était plus frais, mais qu'il s'estompait rapidement.

Teek foi o mais derrotado porque estava mais descansado, mas estava perdendo força rapidamente.

Et Buck, toujours en tête, ne maintenait plus l'ordre ni ne le faisait respecter.

E Buck, ainda na liderança, não mais mantinha a ordem nem a aplicava.

À moitié aveugle à cause de sa faiblesse, Buck suivit la piste au toucher seul.

Meio cego de fraqueza, Buck seguiu a trilha apenas pelo tato.

C'était un beau temps printanier, mais aucun d'entre eux ne l'a remarqué.

O clima era lindo de primavera, mas nenhum deles percebeu.

Chaque jour, le soleil se levait plus tôt et se couchait plus tard qu'avant.

A cada dia o sol nascia mais cedo e se punha mais tarde do que antes.

À trois heures du matin, l'aube était arrivée ; le crépuscule durait jusqu'à neuf heures.

Às três da manhã, o amanhecer chegou; o crepúsculo durou até as nove.

Les longues journées étaient remplies du plein soleil printanier.
Os longos dias eram preenchidos com o brilho intenso do sol da primavera.
Le silence fantomatique de l'hiver s'était transformé en un murmure chaleureux.
O silêncio fantasmagórico do inverno havia se transformado em um murmúrio quente.
Toute la terre s'éveillait, animée par la joie des êtres vivants.
Toda a terra estava desperta, viva com a alegria dos seres vivos.
Le bruit provenait de ce qui était resté mort et immobile pendant l'hiver.
O som vinha daquilo que havia permanecido morto e imóvel durante o inverno.
Maintenant, ces choses bougeaient à nouveau, secouant le long sommeil de gel.
Agora, essas coisas se moviam novamente, sacudindo o longo sono congelado.
La sève montait à travers les troncs sombres des pins en attente.
A seiva subia pelos troncos escuros dos pinheiros que esperavam.
Les saules et les trembles font apparaître de jeunes bourgeons brillants sur chaque brindille.
Salgueiros e álamos produzem brotos jovens e brilhantes em cada galho.
Les arbustes et les vignes se parent d'un vert frais tandis que les bois prennent vie.
Arbustos e trepadeiras ganharam um verde fresco enquanto a floresta ganhava vida.
Les grillons chantaient la nuit et les insectes rampaient au soleil.
Os grilos cantavam à noite e os insetos rastejavam sob o sol do dia.
Les perdrix résonnaient et les pics frappaient profondément dans les arbres.

As perdizes rugiam e os pica-paus batiam fundo nas árvores.
Les écureuils bavardaient, les oiseaux chantaient et les oies klaxonnaient au-dessus des chiens.
Os esquilos tagarelavam, os pássaros cantavam e os gansos grasnavam para os cães.
Les oiseaux sauvages arrivaient en groupes serrés, volant vers le haut depuis le sud.
As aves selvagens vinham em bandos afiados, voando do sul.
De chaque colline venait la musique des ruisseaux cachés et impétueux.
De cada encosta vinha a música de riachos escondidos e caudalosos.
Toutes choses ont dégelé et se sont brisées, se sont pliées et ont repris leur mouvement.
Todas as coisas descongelaram e estalaram, dobraram-se e voltaram a se mover.
Le Yukon s'efforçait de briser les chaînes de froid de la glace gelée.
O Yukon se esforçou para quebrar as correntes frias de gelo congelado.
La glace fondait en dessous, tandis que le soleil la faisait fondre par le dessus.
O gelo derreteu por baixo, enquanto o sol o derreteu por cima.
Des trous d'aération se sont ouverts, des fissures se sont propagées et des morceaux sont tombés dans la rivière.
Buracos de ar se abriram, rachaduras se espalharam e pedaços caíram no rio.
Au milieu de toute cette vie débordante et flamboyante, les voyageurs titubaient.
Em meio a toda essa vida explosiva e flamejante, os viajantes cambaleavam.
Deux hommes, une femme et une meute de huskies marchaient comme des morts.
Dois homens, uma mulher e uma matilha de huskies caminhavam como mortos.
Les chiens tombaient, Mercedes pleurait, mais continuait à conduire le traîneau.

Os cães estavam caindo, Mercedes chorava, mas ainda andava no trenó.

Hal jura faiblement et Charles cligna des yeux à travers ses yeux larmoyants.

Hal praguejou fracamente, e Charles piscou com os olhos lacrimejantes.

Ils tombèrent sur le camp de John Thornton à l'embouchure de la rivière White.

Eles tropeçaram no acampamento de John Thornton, na foz do Rio Branco.

Lorsqu'ils s'arrêtèrent, les chiens s'effondrèrent, comme s'ils étaient tous morts.

Quando pararam, os cães caíram no chão, como se estivessem todos mortos.

Mercedes essuya ses larmes et regarda John Thornton.

Mercedes enxugou as lágrimas e olhou para John Thornton.

Charles s'assit sur une bûche, lentement et raidement, souffrant du sentier.

Charles sentou-se em um tronco, lenta e rigidamente, dolorido por causa da trilha.

Hal parlait pendant que Thornton sculptait l'extrémité d'un manche de hache.

Hal falou enquanto Thornton esculpia a ponta de um cabo de machado.

Il taillait du bois de bouleau et répondait par des réponses brèves et fermes.

Ele talhou madeira de bétula e respondeu com respostas breves e firmes.

Lorsqu'on lui a demandé son avis, il a donné des conseils, certain qu'ils ne seraient pas suivis.

Quando questionado, ele deu conselhos, certo de que não seriam seguidos.

Hal a expliqué : « Ils nous ont dit que la glace du sentier disparaissait. »

Hal explicou: "Eles nos disseram que o gelo da trilha estava derretendo."

« Ils ont dit que nous devions rester sur place, mais nous sommes arrivés à White River. »

"Disseram que deveríamos ficar parados, mas chegamos a White River."

Il a terminé sur un ton moqueur, comme pour crier victoire dans les difficultés.

Ele terminou com um tom de escárnio, como se quisesse reivindicar vitória em meio às dificuldades.

« Et ils t'ont dit la vérité », répondit doucement John Thornton à Hal.

"E eles lhe disseram a verdade", John Thornton respondeu calmamente a Hal.

« La glace peut céder à tout moment, elle est prête à tomber. »

"O gelo pode ceder a qualquer momento. Ele está pronto para cair."

« Seuls un peu de chance et des imbéciles ont pu arriver jusqu'ici en vie. »

"Só a sorte cega e os tolos poderiam ter chegado tão longe com vida."

« Je vous le dis franchement, je ne risquerais pas ma vie pour tout l'or de l'Alaska. »

"Vou lhe dizer francamente: eu não arriscaria minha vida por todo o ouro do Alasca."

« C'est parce que tu n'es pas un imbécile, je suppose », répondit Hal.

"É porque você não é tolo, eu acho", respondeu Hal.

« Tout de même, nous irons à Dawson. » Il déroula son fouet.

"Mesmo assim, iremos para Dawson." Ele desenrolou seu chicote.

« Monte là-haut, Buck ! Salut ! Debout ! Vas-y ! » cria-t-il durement.

"Sobe aí, Buck! Oi! Levanta! Vai!", gritou ele asperamente.

Thornton continuait à tailler, sachant que les imbéciles n'entendraient pas la raison.

Thornton continuou a talhar, sabendo que os tolos não ouviriam a razão.

Arrêter un imbécile était futile, et deux ou trois imbéciles ne changeaient rien.

Parar um tolo era inútil — e dois ou três tolos não mudavam nada.

Mais l'équipe n'a pas bougé au son de l'ordre de Hal.

Mas a equipe não se moveu ao som do comando de Hal.

Désormais, seuls les coups pouvaient les faire se relever et avancer.

A essa altura, somente golpes conseguiam fazê-los se levantar e avançar.

Le fouet claquait encore et encore sur les chiens affaiblis.

O chicote estalava repetidamente nos cães enfraquecidos.

John Thornton serra fermement ses lèvres et regarda en silence.

John Thornton apertou os lábios e observou em silêncio.

Solleks fut le premier à se relever sous le fouet.

Solleks foi o primeiro a se levantar sob o chicote.

Puis Teek le suivit, tremblant. Joe poussa un cri en se relevant.

Então Teek o seguiu, tremendo. Joe gritou ao se levantar cambaleando.

Pike a essayé de se relever, a échoué deux fois, puis est finalement resté debout, chancelant.

Pike tentou se levantar, falhou duas vezes e então finalmente conseguiu ficar de pé, cambaleando.

Mais Buck resta là où il était tombé, sans bouger du tout cette fois.

Mas Buck permaneceu onde havia caído, sem se mexer durante todo esse tempo.

Le fouet le frappait à plusieurs reprises, mais il ne faisait aucun bruit.

O chicote o golpeava repetidamente, mas ele não emitia nenhum som.

Il n'a pas bronché ni résisté, il est simplement resté immobile et silencieux.

Ele não vacilou nem resistiu, simplesmente permaneceu parado e quieto.

Thornton remua plus d'une fois, comme pour parler, mais ne le fit pas.

Thornton se mexeu mais de uma vez, como se fosse falar, mas não o fez.

Ses yeux s'humidifièrent, et le fouet continuait à claquer contre Buck.

Seus olhos ficaram marejados, e o chicote continuou a estalar contra Buck.

Finalement, Thornton commença à marcher lentement, ne sachant pas quoi faire.

Por fim, Thornton começou a andar lentamente, sem saber o que fazer.

C'était la première fois que Buck échouait, et Hal devint furieux.

Foi a primeira vez que Buck falhou, e Hal ficou furioso.

Il a jeté le fouet et a pris la lourde massue à la place.

Ele jogou o chicote no chão e pegou o pesado porrete.

Le gourdin en bois s'abattit violemment, mais Buck ne se releva toujours pas pour bouger.

O porrete de madeira caiu com força, mas Buck ainda não se levantou para se mover.

Comme ses coéquipiers, il était trop faible, mais plus que cela.

Assim como seus companheiros de equipe, ele era muito fraco — mas era mais do que isso.

Buck avait décidé de ne pas bouger, quoi qu'il arrive.

Buck decidiu não se mover, não importa o que acontecesse em seguida.

Il sentait quelque chose de sombre et de certain planer juste devant lui.

Ele sentiu algo escuro e certo pairando à sua frente.

Cette peur l'avait saisi dès qu'il avait atteint la rive du fleuve.

Esse medo tomou conta dele assim que chegou à margem do rio.

Cette sensation ne l'avait pas quitté depuis qu'il sentait la glace s'amincir sous ses pattes.
A sensação não o abandonou desde que ele sentiu o gelo ficar fino sob suas patas.
Quelque chose de terrible l'attendait – il le sentait juste au bout du sentier.
Algo terrível estava esperando — ele sentiu isso logo abaixo na trilha.
Il n'allait pas marcher vers cette terrible chose devant lui.
Ele não iria caminhar em direção àquela coisa terrível à sua frente
Il n'allait pas obéir à un quelconque ordre qui le conduirait à cette chose.
Ele não iria obedecer a nenhuma ordem que o levasse àquela coisa.
La douleur des coups ne l'atteignait plus guère, il était trop loin.
A dor dos golpes mal o tocava agora — ele estava muito mal.
L'étincelle de vie vacillait faiblement, s'affaiblissant sous chaque coup cruel.
A centelha da vida brilhava fracamente, apagando-se sob cada golpe cruel.
Ses membres semblaient lointains ; tout son corps semblait appartenir à un autre.
Seus membros pareciam distantes; todo o seu corpo parecia pertencer a outro.
Il ressentit un étrange engourdissement alors que la douleur disparaissait complètement.
Ele sentiu uma dormência estranha enquanto a dor desaparecia completamente.
De loin, il sentait qu'il était battu, mais il le savait à peine.
De longe, ele sentiu que estava sendo espancado, mas mal sabia.
Il pouvait entendre les coups sourds faiblement, mais ils ne faisaient plus vraiment mal.
Ele conseguia ouvir as pancadas fracamente, mas elas não doíam mais de verdade.

Les coups ont porté, mais son corps ne semblait plus être le sien.
Os golpes acertaram, mas seu corpo não parecia mais o seu.
Puis, soudain, sans prévenir, John Thornton poussa un cri sauvage.
Então, de repente, sem aviso, John Thornton deu um grito selvagem.
C'était inarticulé, plus le cri d'une bête que celui d'un homme.
Era inarticulado, mais o grito de uma fera do que de um homem.
Il sauta sur l'homme avec la massue et renversa Hal en arrière.
Ele saltou em direção ao homem com o porrete e derrubou Hal para trás.
Hal vola comme s'il avait été frappé par un arbre, atterrissant durement sur le sol.
Hal voou como se tivesse sido atingido por uma árvore, aterrissando com força no chão.
Mercedes a crié de panique et s'est agrippée au visage.
Mercedes gritou alto em pânico e agarrou o rosto.
Charles se contenta de regarder, s'essuya les yeux et resta assis.
Charles apenas observou, enxugou os olhos e permaneceu sentado.
Son corps était trop raide à cause de la douleur pour se lever ou aider au combat.
Seu corpo estava rígido demais de dor para se levantar ou ajudar na luta.
Thornton se tenait au-dessus de Buck, tremblant de fureur, incapable de parler.
Thornton ficou de pé sobre Buck, tremendo de fúria, incapaz de falar.
Il tremblait de rage et luttait pour trouver sa voix à travers elle.
Ele tremia de raiva e lutava para encontrar sua voz em meio a isso.

« Si tu frappes encore ce chien, je te tue », dit-il finalement.

"Se você bater naquele cachorro de novo, eu vou te matar", ele disse finalmente.

Hal essuya le sang de sa bouche et s'avança à nouveau.

Hal limpou o sangue da boca e voltou para frente.

« C'est mon chien », murmura-t-il. « Dégage, ou je te répare. »

"É o meu cachorro", murmurou ele. "Sai da frente, senão eu te acerto."

« Je vais à Dawson, et vous ne m'en empêcherez pas », a-t-il ajouté.

"Vou para Dawson, e você não vai me impedir", acrescentou.

Thornton se tenait fermement entre Buck et le jeune homme en colère.

Thornton permaneceu firme entre Buck e o jovem furioso.

Il n'avait aucune intention de s'écarter ou de laisser passer Hal.

Ele não tinha intenção de se afastar ou deixar Hal passar.

Hal sortit son couteau de chasse, long et dangereux à la main.

Hal sacou sua faca de caça, longa e perigosa na mão.

Mercedes a crié, puis pleuré, puis ri dans une hystérie sauvage.

Mercedes gritou, depois chorou e depois riu histericamente.

Thornton frappa la main de Hal avec le manche de sa hache, fort et vite.

Thornton atingiu a mão de Hal com o cabo do machado, forte e rápido.

Le couteau s'est détaché de la main de Hal et a volé au sol.

A faca se soltou das mãos de Hal e voou para o chão.

Hal essaya de ramasser le couteau, et Thornton frappa à nouveau ses jointures.

Hal tentou pegar a faca, e Thornton bateu nos nós dos dedos novamente.

Thornton se baissa alors, attrapa le couteau et le tint.

Então Thornton se abaixou, pegou a faca e a segurou.

D'un coup rapide de manche de hache, il coupa les rênes de Buck.
Com dois golpes rápidos no cabo do machado, ele cortou as rédeas de Buck.
Hal n'avait plus aucune résistance et s'éloigna du chien.
Hal não tinha mais forças para lutar e se afastou do cachorro.
De plus, Mercedes avait désormais besoin de ses deux bras pour se maintenir debout.
Além disso, Mercedes precisava dos dois braços para se manter em pé.
Buck était trop proche de la mort pour pouvoir à nouveau tirer un traîneau.
Buck estava muito perto da morte para poder puxar um trenó novamente.
Quelques minutes plus tard, ils se sont retirés et ont descendu la rivière.
Poucos minutos depois, eles partiram e seguiram rio abaixo.
Buck leva faiblement la tête et les regarda quitter la banque.
Buck levantou a cabeça fracamente e os observou saindo do banco.
Pike a mené l'équipe, avec Solleks à l'arrière dans la roue.
Pike liderou a equipe, com Solleks na retaguarda, no lugar do volante.
Joe et Teek marchaient entre eux, tous deux boitant d'épuisement.
Joe e Teek caminhavam entre eles, ambos mancando de exaustão.
Mercedes s'assit sur le traîneau et Hal saisit le long mât.
Mercedes sentou-se no trenó e Hal agarrou o longo mastro.
Charles trébuchait derrière, ses pas maladroits et incertains.
Charles cambaleou para trás, com passos desajeitados e incertos.
Thornton s'agenouilla près de Buck et chercha doucement des os cassés.
Thornton se ajoelhou ao lado de Buck e delicadamente apalpou os ossos quebrados.

Ses mains étaient rudes mais bougeaient avec gentillesse et attention.
Suas mãos eram ásperas, mas se moviam com gentileza e cuidado.
Le corps de Buck était meurtri mais ne présentait aucune blessure durable.
O corpo de Buck estava machucado, mas não apresentava ferimentos permanentes.
Ce qui restait, c'était une faim terrible et une faiblesse quasi totale.
O que restou foi uma fome terrível e fraqueza quase total.
Au moment où cela fut clair, le traîneau était déjà loin en aval.
Quando isso ficou claro, o trenó já havia ido longe rio abaixo.
L'homme et le chien regardaient le traîneau ramper lentement sur la glace fissurée.
O homem e o cachorro observavam o trenó rastejando lentamente sobre o gelo rachado.
Puis, ils virent le traîneau s'enfoncer dans un creux.
Então, eles viram o trenó afundar em uma depressão.
Le mât s'est envolé, Hal s'y accrochant toujours en vain.
O mastro voou para cima, com Hal ainda se agarrando a ele em vão.
Le cri de Mercedes les atteignit à travers la distance froide.
O grito de Mercedes os alcançou através da distância fria.
Charles se retourna et recula, mais il était trop tard.
Charles se virou e deu um passo para trás, mas era tarde demais.
Une calotte glaciaire entière a cédé et ils sont tous tombés à travers.
Uma camada inteira de gelo cedeu e todos eles caíram.
Les chiens, le traîneau et les gens ont disparu dans l'eau noire en contrebas.
Cães, trenós e pessoas desapareceram na água escura abaixo.
Il ne restait qu'un large trou dans la glace là où ils étaient passés.

Apenas um grande buraco no gelo ficou por onde eles passaram.

Le fond du sentier s'était affaissé, comme Thornton l'avait prévenu.

O fundo da trilha havia cedido, exatamente como Thornton havia avisado.

Thornton et Buck se regardèrent, silencieux pendant un moment.

Thornton e Buck se entreolharam e ficaram em silêncio por um momento.

« Pauvre diable », dit doucement Thornton, et Buck lui lécha la main.

"Pobre coitado", disse Thornton suavemente, e Buck lambeu a mão.

Pour l'amour d'un homme
Pelo Amor de um Homem

John Thornton s'est gelé les pieds dans le froid du mois de décembre précédent.
John Thornton congelou os pés no frio do dezembro anterior.
Ses partenaires l'ont mis à l'aise et l'ont laissé se rétablir seul.
Seus parceiros o deixaram confortável e se recuperar sozinho.
Ils remontèrent la rivière pour rassembler un radeau de billes de bois pour Dawson.
Eles subiram o rio para coletar uma jangada de toras de serra para Dawson.
Il boitait encore légèrement lorsqu'il a sauvé Buck de la mort.
Ele ainda estava mancando um pouco quando resgatou Buck da morte.
Mais avec le temps chaud qui continue, même cette boiterie a disparu.
Mas com a continuação do tempo quente, até essa claudicação desapareceu.
Allongé au bord de la rivière pendant les longues journées de printemps, Buck se reposait.
Deitado na margem do rio durante longos dias de primavera, Buck descansava.
Il regardait l'eau couler et écoutait les oiseaux et les insectes.
Ele observou a água corrente e ouviu pássaros e insetos.
Lentement, Buck reprit ses forces sous le soleil et le ciel.
Lentamente, Buck recuperou suas forças sob o sol e o céu.
Un repos merveilleux après avoir parcouru trois mille kilomètres.
Descansar foi maravilhoso depois de viajar 4.800 quilômetros.
Buck est devenu paresseux à mesure que ses blessures guérissaient et que son corps se remplissait.
Buck ficou preguiçoso enquanto suas feridas cicatrizavam e seu corpo encorpava.
Ses muscles se raffermirent et la chair revint recouvrir ses os.

Seus músculos ficaram firmes e a carne voltou a cobrir seus ossos.

Ils se reposaient tous : Buck, Thornton, Skeet et Nig.

Estavam todos descansando: Buck, Thornton, Skeet e Nig.

Ils attendaient le radeau qui allait les transporter jusqu'à Dawson.

Eles esperaram a jangada que os levaria até Dawson.

Skeet était un petit setter irlandais qui s'est lié d'amitié avec Buck.

Skeet era um pequeno setter irlandês que fez amizade com Buck.

Buck était trop faible et malade pour lui résister lors de leur première rencontre.

Buck estava fraco e doente demais para resistir a ela no primeiro encontro.

Skeet avait le trait de guérisseur que certains chiens possèdent naturellement.

Skeet tinha a característica de curandeira que alguns cães possuem naturalmente.

Comme une mère chatte, elle lécha et nettoya les blessures à vif de Buck.

Como uma gata, ela lambeu e limpou as feridas abertas de Buck.

Chaque matin, après le petit-déjeuner, elle répétait son travail minutieux.

Todas as manhãs, após o café da manhã, ela repetia seu trabalho cuidadoso.

Buck s'attendait à son aide autant qu'à celle de Thornton.

Buck passou a esperar a ajuda dela tanto quanto esperava a de Thornton.

Nig était également amical, mais moins ouvert et moins affectueux.

Nig também era amigável, mas menos aberto e menos afetuoso.

Nig était un gros chien noir, à la fois chien de Saint-Hubert et chien de chasse.

Nig era um grande cão preto, parte sabujo e parte cão de caça.

Il avait des yeux rieurs et une infinie bonne nature dans son esprit.
Ele tinha olhos risonhos e uma bondade infinita em seu espírito.
À la surprise de Buck, aucun des deux chiens n'a montré de jalousie envers lui.
Para a surpresa de Buck, nenhum dos cães demonstrou ciúmes dele.
Skeet et Nig ont tous deux partagé la gentillesse de John Thornton.
Tanto Skeet quanto Nig compartilhavam a gentileza de John Thornton.
À mesure que Buck devenait plus fort, ils l'ont attiré dans des jeux de chiens stupides.
À medida que Buck ficava mais forte, eles o atraíam para brincadeiras tolas de cachorro.
Thornton jouait souvent avec eux aussi, incapable de résister à leur joie.
Thornton também brincava com eles com frequência, pois não conseguia resistir à alegria deles.
De cette manière ludique, Buck est passé de la maladie à une nouvelle vie.
Dessa forma lúdica, Buck passou da doença para uma nova vida.
L'amour – un amour véritable, brûlant et passionné – était enfin à lui.
O amor — verdadeiro, ardente e apaixonado — era seu finalmente.
Il n'avait jamais connu ce genre d'amour dans le domaine de Miller.
Ele nunca conheceu esse tipo de amor na propriedade de Miller.
Avec les fils du juge, il avait partagé le travail et l'aventure.
Com os filhos do Juiz, ele compartilhou trabalho e aventura.
Chez les petits-fils, il vit une fierté raide et vantarde.
Nos netos, ele viu um orgulho rígido e prepotente.

Il entretenait avec le juge Miller lui-même une amitié respectueuse.

Com o próprio juiz Miller, ele tinha uma amizade respeitosa.

Mais l'amour qui était feu, folie et adoration est venu avec Thornton.

Mas o amor que era fogo, loucura e adoração veio com Thornton.

Cet homme avait sauvé la vie de Buck, et cela seul signifiait beaucoup.

Este homem salvou a vida de Buck, e isso por si só significava muito.

Mais plus que cela, John Thornton était le type de maître idéal.

Mas mais do que isso, John Thornton era o tipo ideal de mestre.

D'autres hommes s'occupaient de chiens par devoir ou par nécessité professionnelle.

Outros homens cuidavam de cães por obrigação ou necessidade comercial.

John Thornton prenait soin de ses chiens comme s'ils étaient ses enfants.

John Thornton cuidava de seus cães como se fossem seus filhos.

Il prenait soin d'eux parce qu'il les aimait et qu'il ne pouvait tout simplement pas s'en empêcher.

Ele se importava com eles porque os amava e simplesmente não conseguia evitar.

John Thornton a vu encore plus loin que la plupart des hommes n'ont jamais réussi à voir.

John Thornton viu ainda mais longe do que a maioria dos homens conseguiu ver.

Il n'oubliait jamais de les saluer gentiment ou de leur adresser un mot d'encouragement.

Ele nunca se esquecia de cumprimentá-los gentilmente ou de dizer uma palavra de incentivo.

Il adorait s'asseoir avec les chiens pour de longues conversations, ou « gazeuses », comme il disait.

Ele adorava sentar-se com os cães para longas conversas, ou "gassy", como ele dizia.
Il aimait saisir brutalement la tête de Buck entre ses mains fortes.
Ele gostava de agarrar a cabeça de Buck com força entre suas mãos fortes.
Puis il posa sa tête contre celle de Buck et le secoua doucement.
Então ele encostou a cabeça na de Buck e o sacudiu gentilmente.
Pendant tout ce temps, il traitait Buck de noms grossiers qui signifiaient de l'amour pour Buck.
Durante todo o tempo, ele chamava Buck de nomes rudes que significavam amor para Buck.
Pour Buck, cette étreinte brutale et ces mots ont apporté une joie profonde.
Para Buck, aquele abraço rude e aquelas palavras trouxeram profunda alegria.
Son cœur semblait se déchaîner de bonheur à chaque mouvement.
Seu coração parecia tremer de felicidade a cada movimento.
Lorsqu'il se releva ensuite, sa bouche semblait rire.
Quando ele se levantou depois, sua boca parecia estar rindo.
Ses yeux brillaient et sa gorge tremblait d'une joie inexprimée.
Seus olhos brilhavam intensamente e sua garganta tremia de alegria silenciosa.
Son sourire resta figé dans cet état d'émotion et d'affection rayonnante.
Seu sorriso permaneceu imóvel naquele estado de emoção e afeição radiante.
Thornton s'exclama alors pensivement : « Mon Dieu ! Il peut presque parler ! »
Então Thornton exclamou pensativamente: "Meu Deus! Ele quase consegue falar!"
Buck avait une étrange façon d'exprimer son amour qui causait presque de la douleur.

Buck tinha uma maneira estranha de expressar amor que quase causava dor.
Il serrait souvent très fort la main de Thornton entre ses dents.
Ele frequentemente apertava a mão de Thornton com os dentes, com muita força.
La morsure allait laisser des marques profondes qui resteraient un certain temps après.
A mordida deixaria marcas profundas que permaneceriam por algum tempo.
Buck croyait que ces serments étaient de l'amour, et Thornton savait la même chose.
Buck acreditava que aqueles juramentos eram de amor, e Thornton sabia o mesmo.
Le plus souvent, l'amour de Buck se manifestait par une adoration silencieuse, presque silencieuse.
Na maioria das vezes, o amor de Buck se manifestava em adoração silenciosa, quase silenciosa.
Bien qu'il soit ravi lorsqu'on le touche ou qu'on lui parle, il ne cherche pas à attirer l'attention.
Embora se sentisse emocionado quando tocado ou falado, ele não buscava atenção.
Skeet a poussé son nez sous la main de Thornton jusqu'à ce qu'il la caresse.
Skeet colocou o focinho sob a mão de Thornton até que ele a acariciou.
Nig s'approcha tranquillement et posa sa grosse tête sur le genou de Thornton.
Nig caminhou silenciosamente e apoiou sua grande cabeça no joelho de Thornton.
Buck, au contraire, se contentait d'aimer à distance respectueuse.
Buck, por outro lado, estava satisfeito em amar a uma distância respeitosa.
Il resta allongé pendant des heures aux pieds de Thornton, alerte et observant attentivement.

Ele ficou deitado por horas aos pés de Thornton, alerta e observando atentamente.

Buck étudiait chaque détail du visage de son maître et le moindre mouvement.

Buck estudou cada detalhe do rosto de seu mestre e cada menor movimento.

Ou bien il était allongé plus loin, étudiant la silhouette de l'homme en silence.

Ou deitado mais longe, estudando a figura do homem em silêncio.

Buck observait chaque petit mouvement, chaque changement de posture ou de geste.

Buck observava cada pequeno movimento, cada mudança de postura ou gesto.

Ce lien était si puissant qu'il attirait souvent le regard de Thornton.

Essa conexão era tão poderosa que muitas vezes atraiu o olhar de Thornton.

Il rencontra les yeux de Buck sans un mot, l'amour brillant clairement à travers.

Ele encontrou os olhos de Buck sem dizer nada, o amor brilhando claramente.

Pendant longtemps après avoir été sauvé, Buck n'a jamais laissé Thornton hors de vue.

Por um longo tempo depois de ser salvo, Buck nunca deixou Thornton fora de vista.

Chaque fois que Thornton quittait la tente, Buck le suivait de près à l'extérieur.

Sempre que Thornton saía da tenda, Buck o seguia de perto para fora.

Tous les maîtres sévères du Northland avaient fait que Buck avait peur de faire confiance.

Todos os mestres severos das Terras do Norte fizeram com que Buck tivesse medo de confiar.

Il craignait qu'aucun homme ne puisse rester son maître plus d'un court instant.

Ele temia que nenhum homem pudesse permanecer como seu mestre por mais do que um curto período de tempo.
Il craignait que John Thornton ne disparaisse comme Perrault et François.
Ele temia que John Thornton desaparecesse como Perrault e François.
Même la nuit, la peur de le perdre hantait le sommeil agité de Buck.
Mesmo à noite, o medo de perdê-lo assombrava o sono agitado de Buck.
Quand Buck se réveilla, il se glissa dehors dans le froid et se dirigea vers la tente.
Quando Buck acordou, ele saiu sorrateiramente para o frio e foi até a barraca.
Il écoutait attentivement le doux bruit de la respiration à l'intérieur.
Ele ouviu atentamente o som suave da respiração lá dentro.
Malgré l'amour profond de Buck pour John Thornton, la nature sauvage est restée vivante.
Apesar do profundo amor de Buck por John Thornton, a natureza permaneceu viva.
Cet instinct primitif, éveillé dans le Nord, n'a pas disparu.
Esse instinto primitivo, despertado no Norte, não desapareceu.
L'amour a apporté la dévotion, la loyauté et le lien chaleureux du coin du feu.
O amor trouxe devoção, lealdade e o vínculo caloroso do lado do fogo.
Mais Buck a également conservé son instinct sauvage, vif et toujours en alerte.
Mas Buck também manteve seus instintos selvagens, aguçados e sempre alertas.
Il n'était pas seulement un animal de compagnie apprivoisé venu des terres douces de la civilisation.
Ele não era apenas um animal de estimação domesticado das terras macias da civilização.

Buck était un être sauvage qui était venu s'asseoir près du feu de Thornton.
Buck era um ser selvagem que veio sentar-se perto do fogo de Thornton.
Il ressemblait à un chien du Southland, mais la sauvagerie vivait en lui.
Ele parecia um cão da raça Southland, mas a selvageria vivia dentro dele.
Son amour pour Thornton était trop grand pour permettre de voler cet homme.
Seu amor por Thornton era grande demais para permitir que ele o roubasse.
Mais dans n'importe quel autre camp, il volerait avec audace et sans relâche.
Mas em qualquer outro acampamento, ele roubaria com ousadia e sem hesitação.
Il était si habile à voler que personne ne pouvait l'attraper ou l'accuser.
Ele era tão esperto em roubar que ninguém conseguia pegá-lo ou acusá-lo.
Son visage et son corps étaient couverts de cicatrices dues à de nombreux combats passés.
Seu rosto e corpo estavam cobertos de cicatrizes de muitas lutas passadas.
Buck se battait toujours avec acharnement, mais maintenant il se battait avec plus de ruse.
Buck ainda lutava ferozmente, mas agora lutava com mais astúcia.
Skeet et Nig étaient trop doux pour se battre, et ils appartenaient à Thornton.
Skeet e Nig eram gentis demais para lutar, e eram de Thornton.
Mais tout chien étranger, aussi fort ou courageux soit-il, cédait.
Mas qualquer cão estranho, não importa quão forte ou corajoso, cedia.

Sinon, le chien se retrouvait à lutter contre Buck, à se battre pour sa vie.
Caso contrário, o cão se veria lutando contra Buck, lutando por sua vida.
Buck n'a eu aucune pitié une fois qu'il a choisi de se battre contre un autre chien.
Buck não teve misericórdia quando decidiu lutar contra outro cão.
Il avait bien appris la loi du gourdin et des crocs dans le Nord.
Ele aprendeu bem a lei da clava e das presas nas Terras do Norte.
Il n'a jamais abandonné un avantage et n'a jamais reculé devant la bataille.
Ele nunca abriu mão de uma vantagem e nunca recuou da batalha.
Il avait étudié les Spitz et les chiens les plus féroces de la poste et de la police.
Ele estudou Spitz e os cães mais ferozes de correio e polícia.
Il savait clairement qu'il n'y avait pas de juste milieu dans un combat sauvage.
Ele sabia claramente que não havia meio-termo em combate selvagem.
Il doit gouverner ou être gouverné ; faire preuve de miséricorde signifie faire preuve de faiblesse.
Ele devia governar ou ser governado; mostrar misericórdia significava mostrar fraqueza.
La miséricorde était inconnue dans le monde brut et brutal de la survie.
A misericórdia era desconhecida no mundo cru e brutal da sobrevivência.
Faire preuve de miséricorde était perçu comme de la peur, et la peur menait rapidement à la mort.
Mostrar misericórdia era visto como medo, e o medo levava rapidamente à morte.
L'ancienne loi était simple : tuer ou être tué, manger ou être mangé.

A antiga lei era simples: matar ou ser morto, comer ou ser comido.

Cette loi venait des profondeurs du temps, et Buck la suivait pleinement.

Essa lei veio das profundezas do tempo, e Buck a seguiu integralmente.

Buck était plus vieux que son âge et que le nombre de respirations qu'il prenait.

Buck era mais velho do que sua idade e do que o número de vezes que respirava.

Il a clairement relié le passé ancien au moment présent.

Ele conectou claramente o passado antigo com o momento presente.

Les rythmes profonds des âges le traversaient comme les marées.

Os ritmos profundos das eras moviam-se através dele como as marés.

Le temps pulsait dans son sang aussi sûrement que les saisons faisaient bouger la terre.

O tempo pulsava em seu sangue tão seguramente quanto as estações moviam a Terra.

Il était assis près du feu de Thornton, la poitrine forte et les crocs blancs.

Ele estava sentado perto do fogo de Thornton, com peito forte e presas brancas.

Sa longue fourrure ondulait, mais derrière lui, les esprits des chiens sauvages observaient.

Seu longo pelo balançava, mas atrás dele os espíritos de cães selvagens observavam.

Des demi-loups et des loups à part entière s'agitaient dans son cœur et dans ses sens.

Meio-lobos e lobos puros agitavam-se em seu coração e sentidos.

Ils goûtèrent sa viande et burent la même eau que lui.

Eles provaram sua carne e beberam a mesma água que ele.

Ils reniflaient le vent à ses côtés et écoutaient la forêt.

Eles cheiravam o vento ao lado dele e ouviam a floresta.

Ils murmuraient la signification des sons sauvages dans l'obscurité.
Eles sussurravam os significados dos sons selvagens na escuridão.
Ils façonnaient ses humeurs et guidaient chacune de ses réactions silencieuses.
Elas moldavam seu humor e guiavam cada uma de suas reações silenciosas.
Ils se sont couchés avec lui pendant son sommeil et sont devenus une partie de ses rêves profonds.
Elas ficaram com ele enquanto ele dormia e se tornaram parte de seus sonhos profundos.
Ils rêvaient avec lui, au-delà de lui, et constituaient son esprit même.
Eles sonhavam com ele, além dele, e constituíam seu próprio espírito.
Les esprits de la nature appelèrent si fort que Buck se sentit attiré.
Os espíritos selvagens chamavam tão fortemente que Buck se sentiu atraído.
Chaque jour, l'humanité et ses revendications s'affaiblissaient dans le cœur de Buck.
A cada dia, a humanidade e suas reivindicações enfraqueciam o coração de Buck.
Au plus profond de la forêt, un appel étrange et palpitant allait s'élever.
Nas profundezas da floresta, um chamado estranho e emocionante iria surgir.
Chaque fois qu'il entendait l'appel, Buck ressentait une envie à laquelle il ne pouvait résister.
Toda vez que ouvia o chamado, Buck sentia uma vontade irresistível.
Il allait se détourner du feu et des sentiers battus des humains.
Ele iria se afastar do fogo e dos caminhos humanos trilhados.
Il allait s'enfoncer dans la forêt, avançant sans savoir pourquoi.

Ele ia mergulhar na floresta, avançando sem saber por quê.
Il ne remettait pas en question cette attraction, car l'appel était profond et puissant.
Ele não questionou essa atração, pois o chamado era profundo e poderoso.
Souvent, il atteignait l'ombre verte et la terre douce et intacte
Muitas vezes, ele alcançava a sombra verde e a terra macia e intocada
Mais ensuite, son amour profond pour John Thornton l'a ramené vers le feu.
Mas então o forte amor por John Thornton o puxou de volta para o fogo.
Seul John Thornton tenait véritablement le cœur sauvage de Buck entre ses mains.
Somente John Thornton realmente tinha o coração selvagem de Buck em suas mãos.
Le reste de l'humanité n'avait aucune valeur ni signification durable pour Buck.
O resto da humanidade não tinha valor ou significado duradouro para Buck.
Les étrangers pourraient le féliciter ou caresser sa fourrure avec des mains amicales.
Estranhos podem elogiá-lo ou acariciar seu pelo com mãos amigáveis.
Buck resta impassible et s'éloigna à cause de trop d'affection.
Buck permaneceu impassível e foi embora por excesso de afeição.
Hans et Pete sont arrivés avec le radeau qu'ils attendaient depuis longtemps
Hans e Pete chegaram com a jangada tão esperada
Buck les a ignorés jusqu'à ce qu'il apprenne qu'ils étaient proches de Thornton.
Buck os ignorou até saber que estavam perto de Thornton.
Après cela, il les a tolérés, mais ne leur a jamais montré toute sa chaleur.
Depois disso, ele os tolerou, mas nunca lhes demonstrou calor humano total.

Il prenait de la nourriture ou des marques de gentillesse de leur part comme s'il leur rendait service.
Ele aceitava comida ou gentileza deles como se estivesse lhes fazendo um favor.

Ils étaient comme Thornton : simples, honnêtes et clairs dans leurs pensées.
Eles eram como Thornton: simples, honestos e claros nos pensamentos.

Tous ensemble, ils se rendirent à la scierie de Dawson et au grand tourbillon
Todos juntos viajaram para a serraria de Dawson e para o grande redemoinho

Au cours de leur voyage, ils ont appris à comprendre profondément la nature de Buck.
Em sua jornada, eles aprenderam a entender profundamente a natureza de Buck.

Ils n'ont pas essayé de se rapprocher comme Skeet et Nig l'avaient fait.
Eles não tentaram se aproximar como Skeet e Nig fizeram.

Mais l'amour de Buck pour John Thornton n'a fait que s'approfondir avec le temps.
Mas o amor de Buck por John Thornton só se aprofundou com o tempo.

Seul Thornton pouvait placer un sac sur le dos de Buck en été.
Somente Thornton poderia colocar uma mochila nas costas de Buck no verão.

Quoi que Thornton ordonne, Buck était prêt à l'exécuter pleinement.
Tudo o que Thornton ordenava, Buck estava disposto a fazer integralmente.

Un jour, après avoir quitté Dawson pour les sources du Tanana,
Um dia, depois de deixarem Dawson em direção às nascentes do Tanana,

le groupe était assis sur une falaise qui descendait d'un mètre jusqu'au substrat rocheux nu.

o grupo sentou-se em um penhasco que descia um metro até o leito rochoso nu.

John Thornton était assis près du bord et Buck se reposait à côté de lui.

John Thornton sentou-se perto da borda, e Buck descansou ao lado dele.

Thornton eut une pensée soudaine et attira l'attention des hommes.

Thornton teve um pensamento repentino e chamou a atenção dos homens.

Il désigna le gouffre et donna un seul ordre à Buck.

Ele apontou para o outro lado do abismo e deu a Buck uma única ordem.

« Saute, Buck ! » dit-il en balançant son bras au-dessus de la chute.

"Pule, Buck!" ele disse, balançando o braço sobre o precipício.

En un instant, il dut attraper Buck, qui sautait pour obéir.

Num instante, ele teve que agarrar Buck, que estava pulando para obedecer.

Hans et Pete se sont précipités en avant et ont ramené les deux hommes en sécurité.

Hans e Pete correram e puxaram os dois de volta para um lugar seguro.

Une fois que tout fut terminé et qu'ils eurent repris leur souffle, Pete prit la parole.

Depois que tudo terminou e eles recuperaram o fôlego, Pete falou.

« L'amour est étrange », dit-il, secoué par la dévotion féroce du chien.

"O amor é estranho", disse ele, abalado pela devoção feroz do cão.

Thornton secoua la tête et répondit avec un sérieux calme.

Thornton balançou a cabeça e respondeu com calma seriedade.

« Non, l'amour est splendide », dit-il, « mais aussi terrible. »

"Não, o amor é esplêndido", disse ele, "mas também terrível".

« Parfois, je dois l'admettre, ce genre d'amour me fait peur. »

"Às vezes, devo admitir, esse tipo de amor me assusta."
Pete hocha la tête et dit : « Je détesterais être l'homme qui te touche. »
Pete assentiu e disse: "Eu odiaria ser o homem que toca em você."
Il regarda Buck pendant qu'il parlait, sérieux et plein de respect.
Ele olhou para Buck enquanto falava, sério e cheio de respeito.
« Py Jingo ! » s'empressa de dire Hans. « Moi non plus, non monsieur. »
"Py Jingo!", disse Hans rapidamente. "Eu também não, senhor."

Avant la fin de l'année, les craintes de Pete se sont réalisées à Circle City.
Antes do ano terminar, os medos de Pete se concretizaram em Circle City.
Un homme cruel nommé Black Burton a provoqué une bagarre dans le bar.
Um homem cruel chamado Black Burton começou uma briga no bar.
Il était en colère et malveillant, s'en prenant à un nouveau tendre.
Ele estava bravo e malicioso, atacando um novato.
John Thornton est intervenu, calme et de bonne humeur comme toujours.
John Thornton interveio, calmo e bem-humorado como sempre.
Buck était allongé dans un coin, la tête baissée, observant Thornton de près.
Buck estava deitado num canto, com a cabeça baixa, observando Thornton atentamente.
Burton frappa soudainement, son coup envoyant Thornton tourner.
Burton atacou de repente, e seu soco fez Thornton girar.
Seule la barre du bar l'a empêché de s'écraser violemment au sol.

Somente a grade do bar o impediu de cair com força no chão.
Les observateurs ont entendu un son qui n'était ni un aboiement ni un cri.
Os observadores ouviram um som que não era latido ou grito
un rugissement profond sortit de Buck alors qu'il se lançait vers l'homme.
um rugido profundo veio de Buck quando ele se lançou em direção ao homem.
Burton a levé le bras et a sauvé sa vie de justesse.
Burton levantou o braço e quase salvou a própria vida.
Buck l'a percuté, le faisant tomber à plat sur le sol.
Buck colidiu com ele, derrubando-o no chão.
Buck mordit profondément le bras de l'homme, puis se jeta à la gorge.
Buck mordeu fundo o braço do homem e então investiu contra sua garganta.
Burton n'a pu bloquer que partiellement et son cou a été déchiré.
Burton só conseguiu bloquear parcialmente, e seu pescoço foi rasgado.
Des hommes se sont précipités, les bâtons levés, et ont chassé Buck de l'homme ensanglanté.
Homens correram, ergueram cassetetes e expulsaram Buck do homem sangrando.
Un chirurgien est intervenu rapidement pour arrêter l'écoulement du sang.
Um cirurgião agiu rapidamente para impedir que o sangue vazasse.
Buck marchait de long en large et grognait, essayant d'attaquer encore et encore.
Buck andava de um lado para o outro e rosnava, tentando atacar repetidamente.
Seuls les coups de massue l'ont empêché d'atteindre Burton.
Somente golpes de taco o impediram de chegar até Burton.
Une réunion de mineurs a été convoquée et tenue sur place.
Uma reunião de mineiros foi convocada e realizada ali mesmo.

Ils ont convenu que Buck avait été provoqué et ont voté pour le libérer.
Eles concordaram que Buck havia sido provocado e votaram para libertá-lo.
Mais le nom féroce de Buck résonnait désormais dans tous les camps d'Alaska.
Mas o nome feroz de Buck agora ecoava em todos os acampamentos no Alasca.
Plus tard cet automne-là, Buck sauva à nouveau Thornton d'une nouvelle manière.
Mais tarde naquele outono, Buck salvou Thornton novamente de uma nova maneira.
Les trois hommes guidaient un long bateau sur des rapides impétueux.
Os três homens estavam guiando um longo barco descendo por corredeiras turbulentas.
Thornton dirigeait le bateau et donnait des indications pour se rendre sur le rivage.
Thornton comandava o barco, dando instruções sobre como chegar à costa.
Hans et Pete couraient sur terre, tenant une corde d'arbre en arbre.
Hans e Pete correram em terra, segurando uma corda de árvore em árvore.
Buck suivait le rythme sur la rive, surveillant toujours son maître.
Buck manteve o ritmo na margem, sempre observando seu mestre.
À un endroit désagréable, des rochers surplombaient les eaux vives.
Em um lugar desagradável, pedras se projetavam sob a água rápida.
Hans lâcha la corde et Thornton dirigea le bateau vers le large.
Hans soltou a corda e Thornton desviou o barco para longe.
Hans sprinta pour rattraper le bateau en passant devant les rochers dangereux.

Hans correu para pegar o barco novamente, passando pelas pedras perigosas.
Le bateau a franchi le rebord mais a heurté une partie plus forte du courant.
O barco passou pela saliência, mas atingiu uma parte mais forte da correnteza.
Hans a attrapé la corde trop vite et a déséquilibré le bateau.
Hans agarrou a corda muito rápido e desequilibrou o barco.
Le bateau s'est retourné et a heurté la berge, cul en l'air.
O barco virou e bateu na margem, com a parte de baixo para cima.
Thornton a été jeté dehors et emporté dans la partie la plus sauvage de l'eau.
Thornton foi jogado para fora e arrastado para a parte mais selvagem da água.
Aucun nageur n'aurait pu survivre dans ces eaux mortelles et tumultueuses.
Nenhum nadador poderia sobreviver naquelas águas perigosas e mortais.
Buck sauta instantanément et poursuivit son maître sur la rivière.
Buck pulou imediatamente e perseguiu seu mestre rio abaixo.
Après trois cents mètres, il atteignit enfin Thornton.
Depois de trezentos metros, ele finalmente chegou a Thornton.
Thornton attrapa la queue de Buck, et Buck se tourna vers le rivage.
Thornton agarrou o rabo de Buck, e Buck se virou em direção à praia.
Il nageait de toutes ses forces, luttant contre la force de l'eau.
Ele nadou com força total, lutando contra a força violenta da água.
Ils se déplaçaient en aval plus vite qu'ils ne pouvaient atteindre le rivage.
Eles se moviam rio abaixo mais rápido do que conseguiam alcançar a costa.
Plus loin, la rivière rugissait plus fort alors qu'elle tombait dans des rapides mortels.

À frente, o rio rugia mais alto enquanto caía em corredeiras mortais.
Les rochers fendaient l'eau comme les dents d'un énorme peigne.
Pedras cortavam a água como os dentes de um pente enorme.
L'attraction de l'eau près de la chute était sauvage et inévitable.
A atração da água perto da queda era selvagem e inevitável.
Thornton savait qu'ils ne pourraient jamais atteindre le rivage à temps.
Thornton sabia que nunca conseguiriam chegar à costa a tempo.
Il a gratté un rocher, s'est écrasé sur un deuxième,
Ele raspou uma pedra, quebrou uma segunda,
Et puis il s'est écrasé contre un troisième rocher, l'attrapant à deux mains.
E então ele bateu em uma terceira pedra, agarrando-a com as duas mãos.
Il lâcha Buck et cria par-dessus le rugissement : « Vas-y, Buck ! Vas-y ! »
Ele soltou Buck e gritou por cima do rugido: "Vai, Buck! Vai!"
Buck n'a pas pu rester à flot et a été emporté par le courant.
Buck não conseguiu se manter à tona e foi arrastado pela correnteza.
Il s'est battu avec acharnement, s'efforçant de se retourner, mais n'a fait aucun progrès.
Ele lutou muito, esforçando-se para virar, mas não conseguiu avançar.
Puis il entendit Thornton répéter l'ordre par-dessus le rugissement de la rivière.
Então ele ouviu Thornton repetir o comando acima do rugido do rio.
Buck sortit de l'eau et leva la tête comme pour un dernier regard.
Buck saiu da água e levantou a cabeça como se fosse dar uma última olhada.

puis il se retourna et obéit, nageant vers la rive avec résolution.
então se virou e obedeceu, nadando em direção à margem com determinação.
Pete et Hans l'ont tiré à terre au dernier moment possible.
Pete e Hans o puxaram para terra no último momento possível.
Ils savaient que Thornton ne pourrait s'accrocher au rocher que quelques minutes de plus.
Eles sabiam que Thornton poderia se agarrar à rocha por apenas mais alguns minutos.
Ils coururent sur la berge jusqu'à un endroit bien au-dessus de l'endroit où il était suspendu.
Eles correram até um ponto bem acima de onde ele estava pendurado.
Ils ont soigneusement attaché la ligne du bateau au cou et aux épaules de Buck.
Eles amarraram cuidadosamente a linha do barco no pescoço e nos ombros de Buck.
La corde était serrée mais suffisamment lâche pour permettre la respiration et le mouvement.
A corda estava justa, mas solta o suficiente para respirar e se movimentar.
Puis ils le jetèrent à nouveau dans la rivière tumultueuse et mortelle.
Então eles o lançaram novamente no rio caudaloso e mortal.
Buck nageait avec audace mais manquait son angle face à la force du courant.
Buck nadou corajosamente, mas perdeu o ângulo para enfrentar a força da correnteza.
Il a vu trop tard qu'il allait dépasser Thornton.
Ele viu tarde demais que iria passar por Thornton.
Hans tira fort sur la corde, comme si Buck était un bateau en train de chavirer.
Hans puxou a corda com força, como se Buck fosse um barco virando.

Le courant l'a entraîné vers le fond et il a disparu sous la surface.

A correnteza o puxou para baixo e ele desapareceu abaixo da superfície.

Son corps a heurté la berge avant que Hans et Pete ne le sortent.

Seu corpo atingiu a margem antes que Hans e Pete o resgatassem.

Il était à moitié noyé et ils l'ont chassé de l'eau.

Ele estava quase afogado, e eles bateram para tirar toda a água dele.

Buck se leva, tituba et s'effondra à nouveau sur le sol.

Buck se levantou, cambaleou e caiu novamente no chão.

Puis ils entendirent la voix de Thornton faiblement portée par le vent.

Então eles ouviram a voz de Thornton levemente carregada pelo vento.

Même si les mots n'étaient pas clairs, ils savaient qu'il était proche de la mort.

Embora as palavras não fossem claras, eles sabiam que ele estava perto da morte.

Le son de la voix de Thornton frappa Buck comme une décharge électrique.

O som da voz de Thornton atingiu Buck como um choque elétrico.

Il sauta et courut sur la berge, retournant au point de lancement.

Ele pulou e correu pela margem, retornando ao ponto de lançamento.

Ils attachèrent à nouveau la corde à Buck, et il entra à nouveau dans le ruisseau.

Novamente amarraram a corda em Buck, e novamente ele entrou no riacho.

Cette fois, il nagea directement et fermement dans l'eau tumultueuse.

Desta vez, ele nadou direta e firmemente para a água corrente.

Hans laissa sortir la corde régulièrement tandis que Pete l'empêchait de s'emmêler.
Hans soltou a corda com firmeza enquanto Pete evitava que ela se enrolasse.

Buck a nagé avec acharnement jusqu'à ce qu'il soit aligné juste au-dessus de Thornton.
Buck nadou com força até ficar alinhado logo acima de Thornton.

Puis il s'est retourné et a foncé comme un train à toute vitesse.
Então ele se virou e avançou como um trem em alta velocidade.

Thornton le vit arriver, se redressa et entoura son cou de ses bras.
Thornton o viu chegando, preparou-se e colocou os braços em volta do seu pescoço.

Hans a attaché la corde fermement autour d'un arbre alors qu'ils étaient tous les deux entraînés sous l'eau.
Hans amarrou a corda firmemente em uma árvore enquanto ambos eram puxados para baixo.

Ils ont dégringolé sous l'eau, s'écrasant contre des rochers et des débris de la rivière.
Eles caíram debaixo d'água, batendo em pedras e detritos do rio.

Un instant, Buck était au sommet, l'instant d'après, Thornton se levait en haletant.
Num momento Buck estava no topo, no outro Thornton se levantou ofegante.

Battus et étouffés, ils se dirigèrent vers la rive et la sécurité.
Espancados e sufocados, eles se desviaram para a margem e para a segurança.

Thornton a repris connaissance, allongé sur un tronc d'arbre.
Thornton recuperou a consciência, deitado sobre um tronco.

Hans et Pete ont travaillé dur pour lui redonner souffle et vie.
Hans e Pete trabalharam duro para trazer de volta o fôlego e a vida.

Sa première pensée fut pour Buck, qui gisait immobile et mou.
Seu primeiro pensamento foi para Buck, que estava imóvel e mole.
Nig hurla sur le corps de Buck et Skeet lui lécha doucement le visage.
Nig uivou sobre o corpo de Buck, e Skeet lambeu seu rosto gentilmente.
Thornton, endolori et meurtri, examina Buck avec des mains prudentes.
Thornton, dolorido e machucado, examinou Buck com mãos cuidadosas.
Il a trouvé trois côtes cassées, mais aucune blessure mortelle chez le chien.
Ele encontrou três costelas quebradas, mas nenhum ferimento mortal no cachorro.
« C'est réglé », dit Thornton. « On campe ici. » Et c'est ce qu'ils firent.
"Isso resolve", disse Thornton. "Acampamos aqui." E assim fizeram.
Ils sont restés jusqu'à ce que les côtes de Buck soient guéries et qu'il puisse à nouveau marcher.
Eles ficaram até que as costelas de Buck sarassem e ele pudesse andar novamente.

Cet hiver-là, Buck accomplit un exploit qui augmenta encore sa renommée.
Naquele inverno, Buck realizou um feito que aumentou ainda mais sua fama.
C'était moins héroïque que de sauver Thornton, mais tout aussi impressionnant.
Foi menos heróico do que salvar Thornton, mas igualmente impressionante.
À Dawson, les partenaires avaient besoin de provisions pour un long voyage.
Em Dawson, os parceiros precisavam de suprimentos para uma viagem distante.

Ils voulaient voyager vers l'Est, dans des terres sauvages et intactes.
Eles queriam viajar para o leste, para terras selvagens intocadas.
L'acte de Buck dans l'Eldorado Saloon a rendu ce voyage possible.
A ação de Buck no Eldorado Saloon tornou essa viagem possível.
Tout a commencé avec des hommes qui se vantaient de leurs chiens en buvant un verre.
Tudo começou com homens se gabando de seus cachorros enquanto bebiam.
La renommée de Buck a fait de lui la cible de défis et de doutes.
A fama de Buck fez dele alvo de desafios e dúvidas.
Thornton, fier et calme, resta ferme dans la défense du nom de Buck.
Thornton, orgulhoso e calmo, permaneceu firme na defesa do nome de Buck.
Un homme a déclaré que son chien pouvait facilement tirer deux cents kilos.
Um homem disse que seu cachorro conseguia puxar duzentos quilos com facilidade.
Un autre a dit six cents, et un troisième s'est vanté d'en avoir sept cents.
Outro disse seiscentos, e um terceiro se gabou de setecentos.
« Pfft ! » dit John Thornton, « Buck peut tirer un traîneau de mille livres. »
"Pfft!" disse John Thornton, "Buck consegue puxar um trenó de 450 quilos."
Matthewson, un roi de Bonanza, s'est penché en avant et l'a défié.
Matthewson, um Rei Bonanza, inclinou-se para frente e o desafiou.
« Tu penses qu'il peut mettre autant de poids en mouvement ? »

"Você acha que ele consegue colocar tanto peso em movimento?"

« Et tu penses qu'il peut tirer le poids sur une centaine de mètres ? »

"E você acha que ele consegue puxar o peso por cem metros inteiros?"

Thornton répondit froidement : « Oui. Buck est assez doué pour le faire. »

Thornton respondeu friamente: "Sim. Buck é cachorro o suficiente para fazer isso."

« Il mettra mille livres en mouvement et le tirera sur une centaine de mètres. »

"Ele coloca 450 quilos em movimento e puxa por cem metros."

Matthewson sourit lentement et s'assura que tous les hommes entendaient ses paroles.

Matthewson sorriu lentamente e fez questão de que todos os homens ouvissem suas palavras.

« J'ai mille dollars qui disent qu'il ne peut pas. Le voilà. »

"Tenho mil dólares que dizem que ele não pode. Aí está."

Il a claqué un sac de poussière d'or de la taille d'une saucisse sur le bar.

Ele jogou um saco de pó de ouro do tamanho de uma salsicha no balcão.

Personne ne dit un mot. Le silence devint pesant et tendu autour d'eux.

Ninguém disse uma palavra. O silêncio tornou-se pesado e tenso ao redor deles.

Le bluff de Thornton – s'il en était un – avait été pris au sérieux.

O blefe de Thornton — se é que houve algum — foi levado a sério.

Il sentit la chaleur monter sur son visage tandis que le sang affluait sur ses joues.

Ele sentiu o calor subir ao seu rosto enquanto o sangue subia às suas bochechas.

Sa langue avait pris le pas sur sa raison à ce moment-là.

Sua língua se antecipou à razão naquele momento.

Il ne savait vraiment pas si Buck pouvait déplacer mille livres.
Ele realmente não sabia se Buck conseguiria movimentar mil libras.
Une demi-tonne ! Rien que sa taille lui pesait le cœur.
Meia tonelada! Só o tamanho já fazia seu coração pesar.
Il avait foi en la force de Buck et le pensait capable.
Ele tinha fé na força de Buck e o considerava capaz.
Mais il n'avait jamais été confronté à ce genre de défi, pas comme celui-ci.
Mas ele nunca havia enfrentado esse tipo de desafio, não desse jeito.
Une douzaine d'hommes l'observaient tranquillement, attendant de voir ce qu'il allait faire.
Uma dúzia de homens o observava em silêncio, esperando para ver o que ele faria.
Il n'avait pas d'argent, ni Hans ni Pete.
Ele não tinha dinheiro, nem Hans nem Pete.
« J'ai un traîneau dehors », dit Matthewson froidement et directement.
"Tenho um trenó lá fora", disse Matthewson friamente e diretamente.
« Il est chargé de vingt sacs de cinquante livres chacun, tous de farine.
"Está carregado com vinte sacos de cinquenta libras cada, tudo farinha.
« Alors ne laissez pas un traîneau manquant devenir votre excuse maintenant », a-t-il ajouté.
Então não deixe que um trenó perdido seja sua desculpa agora", acrescentou.
Thornton resta silencieux. Il ne savait pas quels mots lui dire.
Thornton ficou em silêncio. Não sabia que palavras dizer.
Il regarda les visages autour de lui sans les voir clairement.
Ele olhou para os rostos sem vê-los claramente.
Il ressemblait à un homme figé dans ses pensées, essayant de redémarrer.

Ele parecia um homem congelado em pensamentos, tentando recomeçar.

Puis il a vu Jim O'Brien, un ami de l'époque Mastodon.

Então ele viu Jim O'Brien, um amigo dos tempos do Mastodon.

Ce visage familier lui a donné un courage qu'il ne savait pas avoir.

Aquele rosto familiar lhe deu uma coragem que ele não sabia que tinha.

Il se tourna et demanda à voix basse : « Peux-tu me prêter mille ? »

Ele se virou e perguntou em voz baixa: "Você pode me emprestar mil?"

« Bien sûr », dit O'Brien, laissant déjà tomber un lourd sac près de l'or.

"Claro", disse O'Brien, deixando cair um saco pesado perto do ouro.

« Mais honnêtement, John, je ne crois pas que la bête puisse faire ça. »

"Mas, sinceramente, John, não acredito que a fera possa fazer isso."

Tout le monde dans le Saloon Eldorado s'est précipité dehors pour voir l'événement.

Todos no Eldorado Saloon correram para fora para ver o evento.

Ils ont laissé les tables et les boissons, et même les jeux ont été interrompus.

Eles deixaram mesas e bebidas, e até os jogos foram pausados.

Les croupiers et les joueurs sont venus assister à la fin de ce pari audacieux.

Crupiês e apostadores vieram testemunhar o fim daquela aposta ousada.

Des centaines de personnes se sont rassemblées autour du traîneau dans la rue glacée.

Centenas de pessoas se reuniram ao redor do trenó na rua gelada.

Le traîneau de Matthewson était chargé d'une charge complète de sacs de farine.
O trenó de Matthewson estava carregado de sacos de farinha.
Le traîneau était resté immobile pendant des heures à des températures négatives.
O trenó ficou parado por horas em temperaturas negativas.
Les patins du traîneau étaient gelés et collés à la neige tassée.
Os patins do trenó estavam congelados na neve compactada.
Les hommes ont offert une cote de deux contre un que Buck ne pourrait pas déplacer le traîneau.
Os homens deram chances de dois para um de que Buck não conseguiria mover o trenó.
Une dispute a éclaté sur ce que signifiait réellement « sortir ».
Surgiu uma disputa sobre o que "sair" realmente significava.
O'Brien a déclaré que Thornton devrait desserrer la base gelée du traîneau.
O'Brien disse que Thornton deveria soltar a base congelada do trenó.
Buck pourrait alors « sortir » d'un départ solide et immobile.
Buck poderia então "sair" de um início sólido e imóvel.
Matthewson a soutenu que le chien devait également libérer les coureurs.
Matthewson argumentou que o cão também deve libertar os corredores.
Les hommes qui avaient entendu le pari étaient d'accord avec le point de vue de Matthewson.
Os homens que ouviram a aposta concordaram com a opinião de Matthewson.
Avec cette décision, les chances sont passées à trois contre un contre Buck.
Com essa decisão, as probabilidades saltaram para três para um contra Buck.
Personne ne s'est manifesté pour prendre en compte les chances croissantes de trois contre un.

Ninguém se apresentou para aproveitar as crescentes probabilidades de três para um.

Pas un seul homme ne croyait que Buck pouvait accomplir un tel exploit.

Nenhum homem acreditou que Buck conseguiria realizar o grande feito.

Thornton s'était précipité dans le pari, lourd de doutes.

Thornton foi levado às pressas para a aposta, cheio de dúvidas.

Il regarda alors le traîneau et l'attelage de dix chiens à côté.

Agora ele olhava para o trenó e para a equipe de dez cães ao lado dele.

En voyant la réalité de la tâche, elle semblait encore plus impossible.

Ver a realidade da tarefa fez com que ela parecesse ainda mais impossível.

Matthewson était plein de fierté et de confiance à ce moment-là.

Matthewson estava cheio de orgulho e confiança naquele momento.

« Trois contre un ! » cria-t-il. « Je parie mille de plus, Thornton !

"Três contra um!", gritou ele. "Aposto mais mil, Thornton!

« Que dites-vous ? » ajouta-t-il, assez fort pour que tout le monde l'entende.

O que você diz?" ele acrescentou, alto o suficiente para todos ouvirem.

Le visage de Thornton exprimait ses doutes, mais son esprit s'était élevé.

O rosto de Thornton mostrava suas dúvidas, mas seu espírito estava elevado.

Cet esprit combatif ignorait les probabilités et ne craignait rien du tout.

Esse espírito de luta ignorou as probabilidades e não temeu nada.

Il a appelé Hans et Pete pour apporter tout leur argent sur la table.

Ele chamou Hans e Pete para trazerem todo o dinheiro para a mesa.
Il ne leur restait plus grand-chose : seulement deux cents dollars au total.
Eles tinham pouco mais: apenas duzentos dólares no total.
Cette petite somme représentait toute leur fortune pendant les temps difficiles.
Essa pequena quantia era toda a sua fortuna durante os tempos difíceis.
Pourtant, ils ont misé toute leur fortune contre le pari de Matthewson.
Mesmo assim, eles apostaram toda a fortuna contra Matthewson.
L'attelage de dix chiens a été dételé et éloigné du traîneau.
O grupo de dez cães foi desatrelado e se afastou do trenó.
Buck a été placé dans les rênes, portant son harnais familier.
Buck foi colocado nas rédeas, usando seu arreio familiar.
Il avait capté l'énergie de la foule et ressenti la tension.
Ele captou a energia da multidão e sentiu a tensão.
D'une manière ou d'une autre, il savait qu'il devait faire quelque chose pour John Thornton.
De alguma forma, ele sabia que tinha que fazer algo por John Thornton.
Les gens murmuraient avec admiration devant la fière silhouette du chien.
As pessoas murmuravam com admiração diante da figura orgulhosa do cão.
Il était mince et fort, sans une seule once de chair supplémentaire.
Ele era magro e forte, sem um único grama de carne extra.
Son poids total de cent cinquante livres n'était que puissance et endurance.
Seu peso total de cento e cinquenta libras era pura força e resistência.
Le pelage de Buck brillait comme de la soie, épais de santé et de force.
O pelo de Buck brilhava como seda, espesso, saudável e forte.

La fourrure le long de son cou et de ses épaules semblait se soulever et se hérisser.
Os pelos ao longo do pescoço e dos ombros dele pareciam se levantar e eriçar.
Sa crinière bougeait légèrement, chaque cheveu vivant de sa grande énergie.
Sua juba se movia levemente, cada fio de cabelo transbordando de sua grande energia.
Sa large poitrine et ses jambes fortes correspondaient à sa silhouette lourde et robuste.
Seu peito largo e pernas fortes combinavam com sua estrutura pesada e resistente.
Des muscles ondulaient sous son manteau, tendus et fermes comme du fer lié.
Os músculos ondulavam sob seu casaco, tensos e firmes como ferro.
Les hommes le touchaient et juraient qu'il était bâti comme une machine en acier.
Os homens o tocaram e juraram que ele era construído como uma máquina de aço.
Les chances ont légèrement baissé à deux contre un contre le grand chien.
As probabilidades caíram ligeiramente para duas para uma contra o grande cão.
Un homme des bancs de Skookum s'avança en bégayant.
Um homem dos Skookum Benches avançou, gaguejando.
« Bien, monsieur ! J'offre huit cents pour lui – avant l'examen, monsieur ! »
— Ótimo, senhor! Ofereço oitocentos por ele... antes do teste, senhor!
« Huit cents, tel qu'il est en ce moment ! » insista l'homme.
"Oitocentos, pelo valor que ele tem agora!", insistiu o homem.
Thornton s'avança, sourit et secoua calmement la tête.
Thornton deu um passo à frente, sorriu e balançou a cabeça calmamente.
Matthewson est rapidement intervenu avec une voix d'avertissement et un froncement de sourcils.

Matthewson interveio rapidamente com uma voz de advertência e uma carranca.
« Éloignez-vous de lui », dit-il. « Laissez-lui de l'espace. »
"Você precisa se afastar dele", disse ele. "Dê espaço a ele."
La foule se tut ; seuls les joueurs continuaient à miser deux contre un.
A multidão ficou em silêncio; apenas os apostadores ainda ofereciam apostas de dois para um.
Tout le monde admirait la carrure de Buck, mais la charge semblait trop lourde.
Todos admiravam o porte físico de Buck, mas a carga parecia grande demais.
Vingt sacs de farine, pesant chacun cinquante livres, semblaient beaucoup trop.
Vinte sacos de farinha — cada um pesando vinte e cinco quilos — pareciam muito.
Personne n'était prêt à ouvrir sa bourse et à risquer son argent.
Ninguém estava disposto a abrir a bolsa e arriscar seu dinheiro.
Thornton s'agenouilla à côté de Buck et prit sa tête à deux mains.
Thornton se ajoelhou ao lado de Buck e segurou sua cabeça com as duas mãos.
Il pressa sa joue contre celle de Buck et lui parla à l'oreille.
Ele pressionou sua bochecha contra a de Buck e falou em seu ouvido.
Il n'y avait plus de secousses enjouées ni d'insultes affectueuses murmurées.
Agora não havia mais apertos de mão brincalhões nem insultos carinhosos sussurrados.
Il murmura simplement doucement : « Autant que tu m'aimes, Buck. »
Ele apenas murmurou suavemente: "Tanto quanto você me ama, Buck."
Buck émit un gémissement silencieux, son impatience à peine contenue.

Buck soltou um gemido baixo, sua ânsia mal contida.
Les spectateurs observaient avec curiosité la tension qui emplissait l'air.
Os espectadores observavam com curiosidade enquanto a tensão preenchia o ar.
Le moment semblait presque irréel, comme quelque chose qui dépassait la raison.
O momento parecia quase irreal, como algo além da razão.
Lorsque Thornton se leva, Buck prit doucement sa main dans ses mâchoires.
Quando Thornton se levantou, Buck gentilmente pegou sua mão entre suas mandíbulas.
Il appuya avec ses dents, puis relâcha lentement et doucement.
Ele pressionou com os dentes e depois soltou lenta e gentilmente.
C'était une réponse silencieuse d'amour, non prononcée, mais comprise.
Foi uma resposta silenciosa de amor, não falada, mas compreendida.
Thornton s'éloigna du chien et donna le signal.
Thornton se afastou bem do cachorro e deu o sinal.
« Maintenant, Buck », dit-il, et Buck répondit avec un calme concentré.
"Agora, Buck", ele disse, e Buck respondeu com calma e foco.
Buck a resserré les traces, puis les a desserrées de quelques centimètres.
Buck apertou os trilhos e depois os afrouxou alguns centímetros.
C'était la méthode qu'il avait apprise ; sa façon de briser le traîneau.
Esse era o método que ele havia aprendido; sua maneira de quebrar o trenó.
« Tiens ! » cria Thornton, sa voix aiguë dans le silence pesant.
"Nossa!" Thornton gritou, sua voz aguda no silêncio pesado.
Buck se tourna vers la droite et se jeta de tout son poids.

Buck virou para a direita e investiu com todo o seu peso.
Le mou disparut et toute la masse de Buck heurta les lignes serrées.
A folga desapareceu, e toda a massa de Buck atingiu os trilhos apertados.
Le traîneau tremblait et les patins émettaient un bruit de crépitement.
O trenó tremeu, e os patins fizeram um som de estalo.
« Haw ! » ordonna Thornton, changeant à nouveau la direction de Buck.
"Haw!" Thornton ordenou, mudando novamente a direção de Buck.
Buck répéta le mouvement, cette fois en tirant brusquement vers la gauche.
Buck repetiu o movimento, dessa vez puxando bruscamente para a esquerda.
Le traîneau craquait plus fort, les patins claquaient et se déplaçaient.
O trenó estalava mais alto, os patins estalavam e se deslocavam.
La lourde charge glissait légèrement latéralement sur la neige gelée.
A carga pesada deslizou ligeiramente para o lado na neve congelada.
Le traîneau s'était libéré de l'emprise du sentier glacé !
O trenó se soltou das garras da trilha gelada!
Les hommes retenaient leur souffle, ignorant qu'ils ne respiraient même pas.
Os homens prenderam a respiração, sem perceber que nem estavam respirando.
« Maintenant, TIREZ ! » cria Thornton à travers le silence glacial.
"Agora, PUXE!" Thornton gritou através do silêncio congelado.
L'ordre de Thornton résonna fort, comme le claquement d'un fouet.

O comando de Thornton soou agudo, como o estalo de um chicote.

Buck se jeta en avant avec un mouvement violent et saccadé.
Buck se lançou para frente com um golpe violento e brusco.

Tout son corps se tendit et se contracta sous l'énorme tension.
Todo o seu corpo ficou tenso e encolhido devido ao esforço intenso.

Des muscles ondulaient sous sa fourrure comme des serpents prenant vie.
Os músculos ondulavam sob seu pelo como serpentes ganhando vida.

Sa large poitrine était basse, la tête tendue vers l'avant en direction du traîneau.
Seu grande peito estava baixo e sua cabeça estava esticada para frente, em direção ao trenó.

Ses pattes bougeaient comme l'éclair, ses griffes tranchant le sol gelé.
Suas patas se moviam como relâmpagos, garras cortando o chão congelado.

Des rainures ont été creusées profondément alors qu'il luttait pour chaque centimètre de traction.
Os sulcos foram profundos enquanto ele lutava por cada centímetro de tração.

Le traîneau se balança, trembla et commença un mouvement lent et agité.
O trenó balançou, tremeu e começou um movimento lento e desconfortável.

Un pied a glissé et un homme dans la foule a gémi à haute voix.
Um pé escorregou, e um homem na multidão gemeu alto.

Puis le traîneau s'élança en avant dans un mouvement saccadé et brusque.
Então o trenó avançou num movimento brusco e brusco.

Cela ne s'est pas arrêté à nouveau - un demi-pouce... un pouce... deux pouces de plus.

E não parou mais — mais um centímetro...um centímetro...cinco centímetros.
Les secousses devinrent plus faibles à mesure que le traîneau commençait à prendre de la vitesse.
Os solavancos diminuíram à medida que o trenó começou a ganhar velocidade.
Bientôt, Buck tirait avec une puissance douce et régulière.
Logo Buck estava puxando com uma força suave e uniforme.
Les hommes haletèrent et finirent par se rappeler de respirer à nouveau.
Os homens ofegaram e finalmente se lembraram de respirar novamente.
Ils n'avaient pas remarqué que leur souffle s'était arrêté de stupeur.
Eles não perceberam que pararam de respirar devido ao espanto.
Thornton courait derrière, lançant des ordres courts et joyeux.
Thornton correu atrás, gritando comandos curtos e alegres.
Devant nous se trouvait une pile de bois de chauffage qui marquait la distance.
À frente havia uma pilha de lenha que marcava a distância.
Alors que Buck s'approchait du tas, les acclamations devenaient de plus en plus fortes.
À medida que Buck se aproximava da pilha, os aplausos ficavam cada vez mais altos.
Les acclamations se sont transformées en rugissement lorsque Buck a dépassé le point d'arrivée.
A torcida aumentou e virou um rugido quando Buck passou do ponto final.
Les hommes ont sauté et crié, même Matthewson a esquissé un sourire.
Homens pularam e gritaram, até Matthewson abriu um sorriso.
Les chapeaux volaient dans les airs, les mitaines étaient lancées sans réfléchir ni viser.

Chapéus voavam no ar, luvas eram atiradas sem pensar ou mirar.
Les hommes se sont attrapés et se sont serré la main sans savoir à qui.
Os homens se agarravam e apertavam as mãos sem saber quem era.
Toute la foule bourdonnait d'une célébration folle et joyeuse.
A multidão inteira vibrava em uma celebração selvagem e alegre.
Thornton tomba à genoux à côté de Buck, les mains tremblantes.
Thornton caiu de joelhos ao lado de Buck com as mãos trêmulas.
Il pressa sa tête contre celle de Buck et le secoua doucement d'avant en arrière.
Ele pressionou a cabeça contra a de Buck e o sacudiu gentilmente para frente e para trás.
Ceux qui s'approchaient l'entendaient maudire le chien avec un amour silencieux.
Aqueles que se aproximaram ouviram-no amaldiçoar o cão com amor silencioso.
Il a insulté Buck pendant un long moment, doucement, chaleureusement, avec émotion.
Ele xingou Buck por um longo tempo — suavemente, calorosamente, com emoção.
« Bien, monsieur ! Bien, monsieur ! » s'écria précipitamment le roi du Banc Skookum.
"Bom, senhor! Bom, senhor!", gritou o rei do Banco Skookum apressadamente.
« Je vous donne mille, non, douze cents, pour ce chien, monsieur ! »
"Eu lhe darei mil — não, mil e duzentos — por esse cachorro, senhor!"
Thornton se leva lentement, les yeux brillants d'émotion.
Thornton levantou-se lentamente, com os olhos brilhando de emoção.

Les larmes coulaient ouvertement sur ses joues sans aucune honte.
Lágrimas escorriam abertamente por suas bochechas, sem nenhuma vergonha.
« Monsieur », dit-il au roi du banc Skookum, ferme et posé.
"Senhor", disse ele ao rei do Banco Skookum, firme e constante
« Non, monsieur. Allez au diable, monsieur. C'est ma réponse définitive. »
"Não, senhor. Pode ir para o inferno, senhor. Essa é a minha resposta final."
Buck attrapa doucement la main de Thornton dans ses mâchoires puissantes.
Buck agarrou a mão de Thornton gentilmente com suas mandíbulas fortes.
Thornton le secoua de manière enjouée, leur lien étant plus profond que jamais.
Thornton o sacudiu de brincadeira, seu vínculo era profundo como sempre.
La foule, émue par l'instant, recula en silence.
A multidão, comovida com o momento, recuou em silêncio.
Dès lors, personne n'osa interrompre cette affection si sacrée.
A partir de então, ninguém ousou interromper tal afeição sagrada.

Le son de l'appel
O Som do Chamado

Buck avait gagné seize cents dollars en cinq minutes.
Buck ganhou mil e seiscentos dólares em cinco minutos.
Cet argent a permis à John Thornton de payer une partie de ses dettes.
O dinheiro permitiu que John Thornton pagasse algumas de suas dívidas.
Avec le reste de l'argent, il se dirigea vers l'Est avec ses partenaires.
Com o resto do dinheiro, ele foi para o Leste com seus sócios.
Ils cherchaient une mine perdue légendaire, aussi vieille que le pays lui-même.
Eles procuraram uma lendária mina perdida, tão antiga quanto o próprio país.
Beaucoup d'hommes avaient cherché la mine, mais peu l'avaient trouvée.
Muitos homens procuraram a mina, mas poucos a encontraram.
Plus d'un homme avait disparu au cours de cette quête dangereuse.
Mais do que alguns homens desapareceram durante a perigosa busca.
Cette mine perdue était enveloppée à la fois de mystère et d'une vieille tragédie.
Esta mina perdida estava envolta em mistério e tragédia antiga.
Personne ne savait qui avait été le premier homme à découvrir la mine.
Ninguém sabia quem havia sido o primeiro homem a encontrar a mina.
Les histoires les plus anciennes ne mentionnent personne par son nom.
As histórias mais antigas não mencionam ninguém pelo nome.
Il y avait toujours eu là une vieille cabane délabrée.
Sempre houve uma cabana antiga e em ruínas ali.

Des hommes mourants avaient juré qu'il y avait une mine à côté de cette vieille cabane.
Homens moribundos juraram que havia uma mina ao lado daquela velha cabana.
Ils ont prouvé leurs histoires avec de l'or comme on n'en trouve nulle part ailleurs.
Eles provaram suas histórias com ouro como nenhum outro foi encontrado em nenhum outro lugar.
Aucune âme vivante n'avait jamais pillé le trésor de cet endroit.
Nenhuma alma viva jamais havia saqueado o tesouro daquele lugar.
Les morts étaient morts, et les morts ne racontent pas d'histoires.
Os mortos estavam mortos, e homens mortos não contam histórias.
Thornton et ses amis se dirigèrent donc vers l'Est.
Então Thornton e seus amigos seguiram para o Leste.
Pete et Hans se sont joints à eux, amenant Buck et six chiens forts.
Pete e Hans se juntaram, trazendo Buck e seis cães fortes.
Ils se sont lancés sur un chemin inconnu là où d'autres avaient échoué.
Eles partiram por uma trilha desconhecida onde outros falharam.
Ils ont parcouru soixante-dix milles en traîneau sur le fleuve Yukon gelé.
Eles desceram de trenó por 112 quilômetros pelo congelado Rio Yukon.
Ils tournèrent à gauche et suivirent le sentier jusqu'au Stewart.
Eles viraram à esquerda e seguiram a trilha até o Stewart.
Ils passèrent le Mayo et le McQuestion, poursuivant leur route.
Eles passaram pelo Mayo e pelo McQuestion e continuaram avançando.

Le Stewart s'est rétréci en un ruisseau, traversant des pics déchiquetés.
O Stewart encolheu até virar um riacho, passando por picos irregulares.
Ces pics acérés marquaient l'épine dorsale même du continent.
Esses picos agudos marcavam a espinha dorsal do continente.
John Thornton exigeait peu des hommes ou de la nature sauvage.
John Thornton exigia pouco dos homens ou das terras selvagens.
Il ne craignait rien dans la nature et affrontait la nature sauvage avec aisance.
Ele não temia nada na natureza e enfrentava a vida selvagem com facilidade.
Avec seulement du sel et un fusil, il pouvait voyager où il le souhaitait.
Com apenas sal e um rifle, ele podia viajar para onde quisesse.
Comme les indigènes, il chassait de la nourriture pendant ses voyages.
Assim como os nativos, ele caçava para comer enquanto viajava.
S'il n'attrapait rien, il continuait, confiant en la chance qui l'attendait.
Se não pegasse nada, ele continuava, confiando na sorte.
Au cours de ce long voyage, la viande était la principale nourriture qu'ils mangeaient.
Nessa longa jornada, a carne era a principal coisa que eles comiam.
Le traîneau contenait des outils et des munitions, mais aucun horaire strict.
O trenó continha ferramentas e munição, mas não havia um cronograma rígido.
Buck adorait cette errance, la chasse et la pêche sans fin.
Buck adorava essa peregrinação; a caça e a pesca sem fim.
Pendant des semaines, ils ont voyagé jour après jour.
Durante semanas eles viajaram dia após dia.

D'autres fois, ils établissaient des camps et restaient immobiles pendant des semaines.
Outras vezes eles montavam acampamentos e ficavam parados por semanas.
Les chiens se reposaient pendant que les hommes creusaient dans la terre gelée.
Os cães descansaram enquanto os homens cavavam a terra congelada.
Ils chauffaient des poêles sur des feux et cherchaient de l'or caché.
Eles esquentavam panelas no fogo e procuravam ouro escondido.
Certains jours, ils souffraient de faim, et d'autres jours, ils faisaient des festins.
Em alguns dias eles passavam fome, em outros faziam festas.
Leurs repas dépendaient du gibier et de la chance de la chasse.
Suas refeições dependiam da caça e da sorte da caçada.
Quand l'été arrivait, les hommes et les chiens chargeaient des charges sur leur dos.
Quando o verão chegou, homens e cães carregaram cargas nas costas.
Ils ont fait du rafting sur des lacs bleus cachés dans des forêts de montagne.
Eles fizeram rafting em lagos azuis escondidos em florestas montanhosas.
Ils naviguaient sur des bateaux minces sur des rivières qu'aucun homme n'avait jamais cartographiées.
Eles navegavam em barcos estreitos em rios que nenhum homem jamais havia mapeado.
Ces bateaux ont été construits à partir d'arbres sciés dans la nature.
Esses barcos foram construídos com árvores que eles mesmos serraram na natureza.

Les mois passèrent et ils sillonnèrent des terres sauvages et inconnues.

Os meses se passaram e eles serpentearam pelas terras selvagens e desconhecidas.

Il n'y avait pas d'hommes là-bas, mais de vieilles traces suggéraient qu'il y en avait eu.

Não havia homens lá, mas vestígios antigos indicavam que havia homens.

Si la Cabane Perdue était réelle, alors d'autres étaient déjà passés par là.

Se a Cabana Perdida fosse real, então outros já teriam passado por aqui.

Ils traversaient des cols élevés dans des blizzards, même pendant l'été.

Eles atravessaram passagens altas em meio a nevascas, mesmo durante o verão.

Ils frissonnaient sous le soleil de minuit sur les pentes nues des montagnes.

Eles tremiam sob o sol da meia-noite nas encostas áridas das montanhas.

Entre la limite des arbres et les champs de neige, ils montaient lentement.

Entre a linha das árvores e os campos de neve, eles escalaram lentamente.

Dans les vallées chaudes, ils écrasaient des nuages de moucherons et de mouches.

Em vales quentes, eles espantavam nuvens de mosquitos e moscas.

Ils cueillaient des baies sucrées près des glaciers en pleine floraison estivale.

Eles colhiam frutas doces perto de geleiras em plena floração do verão.

Les fleurs qu'ils ont trouvées étaient aussi belles que celles du Southland.

As flores que encontraram eram tão lindas quanto as do Sul.

Cet automne-là, ils atteignirent une région solitaire remplie de lacs silencieux.

Naquele outono, eles chegaram a uma região solitária cheia de lagos silenciosos.

La terre était triste et vide, autrefois pleine d'oiseaux et de bêtes.
A terra estava triste e vazia, antes repleta de pássaros e animais.
Il n'y avait plus de vie, seulement le vent et la glace qui se formait dans les flaques.
Agora não havia vida, apenas vento e gelo se formando em poças.
Les vagues s'écrasaient sur les rivages déserts avec un son doux et lugubre.
As ondas batiam nas praias vazias com um som suave e triste.

Un autre hiver arriva et ils suivirent à nouveau de vieux sentiers lointains.
Chegou outro inverno, e eles seguiram novamente trilhas antigas e tênues.
C'étaient les traces d'hommes qui les avaient cherchés bien avant eux.
Essas eram as trilhas de homens que haviam procurado muito antes deles.
Un jour, ils trouvèrent un chemin creusé profondément dans la forêt sombre.
Certa vez, eles encontraram um caminho aberto bem fundo na floresta escura.
C'était un vieux sentier, et ils sentaient que la cabane perdue était proche.
Era uma trilha antiga, e eles sentiram que a cabana perdida estava próxima.
Mais le sentier ne menait nulle part et s'enfonçait dans les bois épais.
Mas a trilha não levava a lugar nenhum e desaparecia na mata fechada.
Personne ne savait qui avait fait ce sentier et pourquoi.
Ninguém sabia quem fez a trilha e por que a fez.
Plus tard, ils ont trouvé l'épave d'un lodge caché parmi les arbres.

Mais tarde, eles encontraram os destroços de uma cabana escondida entre as árvores.

Des couvertures pourries gisaient éparpillées là où quelqu'un avait dormi.

Cobertores apodrecidos estavam espalhados onde alguém dormiu.

John Thornton a trouvé un fusil à silex à long canon enterré à l'intérieur.

John Thornton encontrou uma espingarda de pederneira de cano longo enterrada lá dentro.

Il savait qu'il s'agissait d'un fusil de la Baie d'Hudson depuis les premiers jours de son commerce.

Ele sabia que esta era uma arma da Baía de Hudson desde os primeiros dias de negociação.

À cette époque, ces armes étaient échangées contre des piles de peaux de castor.

Naquela época, essas armas eram trocadas por pilhas de peles de castor.

C'était tout : il ne restait aucune trace de l'homme qui avait construit le lodge.

Isso foi tudo: não sobrou nenhuma pista do homem que construiu o chalé.

Le printemps est revenu et ils n'ont trouvé aucun signe de la Cabane Perdue.

A primavera chegou novamente, e eles não encontraram sinal da Cabana Perdida.

Au lieu de cela, ils trouvèrent une large vallée avec un ruisseau peu profond.

Em vez disso, eles encontraram um vale amplo com um riacho raso.

L'or recouvrait le fond des casseroles comme du beurre jaune et lisse.

O ouro cobria o fundo das panelas como manteiga amarela e lisa.

Ils s'arrêtèrent là et ne cherchèrent plus la cabane.

Eles pararam ali e não procuraram mais pela cabana.

Chaque jour, ils travaillaient et trouvaient des milliers de pièces d'or en poudre.
A cada dia eles trabalhavam e encontravam milhares em pó de ouro.
Ils ont emballé l'or dans des sacs de peau d'élan, de cinquante livres chacun.
Eles embalaram o ouro em sacos de couro de alce, pesando cinquenta libras cada.
Les sacs étaient empilés comme du bois de chauffage à l'extérieur de leur petite loge.
As sacolas estavam empilhadas como lenha do lado de fora de sua pequena cabana.
Ils travaillaient comme des géants et les jours passaient comme des rêves rapides.
Eles trabalharam como gigantes, e os dias passaram como sonhos rápidos.
Ils ont amassé des trésors au fil des jours sans fin.
Eles acumularam tesouros à medida que os dias intermináveis passavam rapidamente.
Les chiens n'avaient pas grand-chose à faire, à part transporter de la viande de temps en temps.
Havia pouco que os cães pudessem fazer, exceto carregar carne de vez em quando.
Thornton chassait et tuait le gibier, et Buck restait allongé près du feu.
Thornton caçava e matava a caça, e Buck deitava-se perto do fogo.
Il a passé de longues heures en silence, perdu dans ses pensées et ses souvenirs.
Ele passou longas horas em silêncio, perdido em pensamentos e memórias.
L'image de l'homme poilu revenait de plus en plus souvent à l'esprit de Buck.
A imagem do homem peludo surgia com mais frequência na mente de Buck.
Maintenant que le travail se faisait rare, Buck rêvait en clignant des yeux devant le feu.

Agora que o trabalho era escasso, Buck sonhava enquanto piscava para o fogo.

Dans ces rêves, Buck errait avec l'homme dans un autre monde.

Nesses sonhos, Buck vagava com o homem em outro mundo.

La peur semblait être le sentiment le plus fort dans ce monde lointain.

O medo parecia o sentimento mais forte naquele mundo distante.

Buck vit l'homme poilu dormir avec la tête baissée.

Buck viu o homem peludo dormir com a cabeça baixa.

Ses mains étaient jointes et son sommeil était agité et interrompu.

Suas mãos estavam entrelaçadas e seu sono era agitado e interrompido.

Il se réveillait en sursaut et regardait avec crainte dans le noir.

Ele costumava acordar assustado e olhar com medo para o escuro.

Ensuite, il jetait plus de bois sur le feu pour garder la flamme vive.

Então ele jogava mais lenha no fogo para manter a chama acesa.

Parfois, ils marchaient le long d'une plage au bord d'une mer grise et infinie.

Às vezes, eles caminhavam por uma praia perto de um mar cinzento e infinito.

L'homme poilu ramassait des coquillages et les mangeait en marchant.

O homem peludo pegou mariscos e os comeu enquanto caminhava.

Ses yeux cherchaient toujours des dangers cachés dans l'ombre.

Seus olhos sempre procuravam perigos escondidos nas sombras.

Ses jambes étaient toujours prêtes à sprinter au premier signe de menace.

Suas pernas estavam sempre prontas para correr ao primeiro sinal de ameaça.

Ils rampaient à travers la forêt, silencieux et méfiants, côte à côte.

Eles rastejaram pela floresta, silenciosos e cautelosos, lado a lado.

Buck le suivit sur ses talons, et tous deux restèrent vigilants.

Buck seguiu em seus calcanhares, e ambos permaneceram alertas.

Leurs oreilles frémissaient et bougeaient, leurs nez reniflaient l'air.

Suas orelhas se contraíam e se moviam, seus narizes farejavam o ar.

L'homme pouvait entendre et sentir la forêt aussi intensément que Buck.

O homem conseguia ouvir e sentir o cheiro da floresta tão intensamente quanto Buck.

L'homme poilu se balançait à travers les arbres avec une vitesse soudaine.

O homem peludo passou por entre as árvores com velocidade repentina.

Il sautait de branche en branche, sans jamais lâcher prise.

Ele pulava de galho em galho, sem nunca errar o aperto.

Il se déplaçait aussi vite au-dessus du sol que sur celui-ci.

Ele se movia tão rápido acima do solo quanto sobre ele.

Buck se souvenait des longues nuits passées sous les arbres, à veiller.

Buck se lembrava das longas noites sob as árvores, vigiando.

L'homme dormait perché dans les branches, s'accrochant fermement.

O homem dormia empoleirado nos galhos, agarrado com força.

Cette vision de l'homme poilu était étroitement liée à l'appel des profondeurs.

Essa visão do homem peludo estava intimamente ligada ao chamado profundo.

L'appel résonnait toujours à travers la forêt avec une force obsédante.
O chamado ainda soava pela floresta com uma força assustadora.

L'appel remplit Buck de désir et d'un sentiment de joie incessant.
O chamado encheu Buck de saudade e uma inquieta sensação de alegria.

Il ressentait d'étranges pulsions et des frémissements qu'il ne pouvait nommer.
Ele sentiu impulsos e agitações estranhas que não conseguia nomear.

Parfois, il suivait l'appel au plus profond des bois tranquilles.
Às vezes ele seguia o chamado até as profundezas da floresta silenciosa.

Il cherchait l'appel, aboyant doucement ou fort au fur et à mesure.
Ele procurou o chamado, latindo baixinho ou estridentemente enquanto avançava.

Il renifla la mousse et la terre noire où poussaient les herbes.
Ele cheirou o musgo e a terra preta onde a grama crescia.

Il renifla de plaisir aux riches odeurs de la terre profonde.
Ele bufou de prazer ao sentir os cheiros ricos da terra profunda.

Il s'est accroupi pendant des heures derrière des troncs couverts de champignons.
Ele ficou agachado por horas atrás de troncos cobertos de fungos.

Il resta immobile, écoutant les yeux écarquillés chaque petit bruit.
Ele ficou parado, ouvindo com os olhos arregalados cada pequeno som.

Il espérait peut-être surprendre la chose qui avait lancé l'appel.
Ele pode ter esperado surpreender a coisa que deu o sinal.

Il ne savait pas pourquoi il agissait de cette façon, il le faisait simplement.
Ele não sabia por que agia dessa maneira, ele simplesmente agia.
Les pulsions venaient du plus profond de moi, au-delà de la pensée ou de la raison.
Os impulsos vinham de dentro, além do pensamento ou da razão.
Des envies irrésistibles s'emparèrent de Buck sans avertissement ni raison.
Desejos irresistíveis tomaram conta de Buck sem aviso ou razão.
Parfois, il somnolait paresseusement dans le camp sous la chaleur de midi.
Às vezes ele cochilava preguiçosamente no acampamento sob o calor do meio-dia.
Soudain, sa tête se releva et ses oreilles se dressèrent en alerte.
De repente, sua cabeça se levantou e suas orelhas ficaram em alerta.
Puis il se leva d'un bond et se précipita dans la nature sans s'arrêter.
Então ele saltou e correu para a natureza sem parar.
Il a couru pendant des heures à travers les sentiers forestiers et les espaces ouverts.
Ele correu por horas por trilhas na floresta e espaços abertos.
Il aimait suivre les lits des ruisseaux asséchés et espionner les oiseaux dans les arbres.
Ele adorava seguir leitos de riachos secos e espiar pássaros nas árvores.
Il pouvait rester caché toute la journée, à regarder les perdrix se pavaner.
Ele poderia ficar escondido o dia todo, observando as perdizes passeando por ali.
Ils tambourinaient et marchaient, inconscients de la présence de Buck.

Eles tocaram tambores e marcharam, sem perceber a presença de Buck.

Mais ce qu'il aimait le plus, c'était courir au crépuscule en été.

Mas o que ele mais amava era correr no crepúsculo do verão.

La faible lumière et les bruits endormis de la forêt le remplissaient de joie.

A luz fraca e os sons sonolentos da floresta o encheram de alegria.

Il lisait les panneaux forestiers aussi clairement qu'un homme lit un livre.

Ele leu os sinais da floresta tão claramente quanto um homem lê um livro.

Et il cherchait toujours la chose étrange qui l'appelait.

E ele sempre procurou pela coisa estranha que o chamava.

Cet appel ne s'est jamais arrêté : il l'atteignait qu'il soit éveillé ou endormi.

Esse chamado nunca parou — ele o alcançava acordado ou dormindo.

Une nuit, il se réveilla en sursaut, les yeux perçants et les oreilles hautes.

Certa noite, ele acordou assustado, com os olhos aguçados e as orelhas em pé.

Ses narines se contractaient tandis que sa crinière se dressait en vagues.

Suas narinas se contraíram enquanto sua crina ficou eriçada em ondas.

Du plus profond de la forêt, le son résonna à nouveau, le vieil appel.

Das profundezas da floresta veio o som novamente, o velho chamado.

Cette fois, le son résonnait clairement, un hurlement long, obsédant et familier.

Desta vez o som soou claramente, um uivo longo, assustador e familiar.

C'était comme le cri d'un husky, mais d'un ton étrange et sauvage.
Era como o grito de um husky, mas com um tom estranho e selvagem.
Buck reconnut immédiatement le son – il avait entendu exactement le même son depuis longtemps.
Buck reconheceu o som imediatamente — ele já tinha ouvido o som exato há muito tempo.
Il sauta à travers le camp et disparut rapidement dans les bois.
Ele saltou pelo acampamento e desapareceu rapidamente na floresta.
Alors qu'il s'approchait du bruit, il ralentit et se déplaça avec précaution.
À medida que se aproximava do som, ele diminuiu o ritmo e se moveu com cuidado.
Bientôt, il atteignit une clairière entre d'épais pins.
Logo ele chegou a uma clareira entre densos pinheiros.
Là, debout sur ses pattes arrière, était assis un loup des bois grand et maigre.
Ali, ereto sobre os calcanhares, estava sentado um lobo alto e magro.
Le nez du loup pointait vers le ciel, résonnant toujours de l'appel.
O focinho do lobo apontou para o céu, ainda ecoando o chamado.
Buck n'avait émis aucun son, mais le loup s'arrêta et écouta.
Buck não fez nenhum som, mas o lobo parou e escutou.
Sentant quelque chose, le loup se tendit, scrutant l'obscurité.
Sentindo algo, o lobo ficou tenso, procurando na escuridão.
Buck apparut en rampant, le corps bas, les pieds immobiles sur le sol.
Buck apareceu sorrateiramente, com o corpo abaixado e os pés quietos no chão.
Sa queue était droite, son corps enroulé sous la tension.
Seu rabo estava reto, seu corpo estava tenso e encolhido.

Il a montré à la fois une menace et une sorte d'amitié brutale.
Ele demonstrou tanto ameaça quanto uma espécie de amizade rude.

C'était le salut prudent partagé par les bêtes sauvages.
Era a saudação cautelosa compartilhada pelos animais selvagens.

Mais le loup se retourna et s'enfuit dès qu'il vit Buck.
Mas o lobo se virou e fugiu assim que viu Buck.

Buck se lança à sa poursuite, sautant sauvagement, désireux de le rattraper.
Buck o perseguiu, saltando descontroladamente, ansioso para alcançá-lo.

Il suivit le loup dans un ruisseau asséché bloqué par un embâcle.
Ele seguiu o lobo até um riacho seco bloqueado por um congestionamento de madeira.

Acculé, le loup se retourna et tint bon.
Encurralado, o lobo girou e se manteve firme.

Le loup grognait et claquait comme un chien husky pris au piège dans un combat.
O lobo rosnou e mordeu como um cão husky encurralado em uma briga.

Les dents du loup claquaient rapidement, son corps se hérissant d'une fureur sauvage.
Os dentes do lobo estalaram rapidamente, seu corpo eriçado de fúria selvagem.

Buck n'attaqua pas mais encercla le loup avec une gentillesse prudente.
Buck não atacou, mas circulou o lobo com cautelosa amizade.

Il a essayé de bloquer sa fuite par des mouvements lents et inoffensifs.
Ele tentou bloquear sua fuga com movimentos lentos e inofensivos.

Le loup était méfiant et effrayé : Buck le dépassait trois fois.
O lobo estava cauteloso e assustado — Buck era três vezes mais pesado que ele.

La tête du loup atteignait à peine l'épaule massive de Buck.
A cabeça do lobo mal alcançava o enorme ombro de Buck.
À l'affût d'une brèche, le loup s'est enfui et la poursuite a repris.
Observando uma brecha, o lobo disparou e a perseguição começou novamente.
Plusieurs fois, Buck l'a coincé et la danse s'est répétée.
Várias vezes Buck o encurralou e a dança se repetiu.
Le loup était maigre et faible, sinon Buck n'aurait pas pu l'attraper.
O lobo era magro e fraco, ou Buck não o teria capturado.
Chaque fois que Buck s'approchait, le loup se retournait et lui faisait face avec peur.
Cada vez que Buck se aproximava, o lobo girava e o encarava com medo.
Puis, à la première occasion, il s'est précipité dans les bois une fois de plus.
Então, na primeira oportunidade, ele correu para a floresta mais uma vez.
Mais Buck n'a pas abandonné et finalement le loup a fini par lui faire confiance.
Mas Buck não desistiu e, finalmente, o lobo passou a confiar nele.
Il renifla le nez de Buck, et les deux devinrent joueurs et alertes.
Ele cheirou o nariz de Buck, e os dois ficaram brincalhões e alertas.
Ils jouaient comme des animaux sauvages, féroces mais timides dans leur joie.
Eles brincavam como animais selvagens, ferozes, mas tímidos em sua alegria.
Au bout d'un moment, le loup s'éloigna au trot avec un calme déterminé.
Depois de um tempo, o lobo saiu trotando com calma e determinação.
Il a clairement montré à Buck qu'il voulait être suivi.
Ele mostrou claramente a Buck que queria ser seguido.

Ils couraient côte à côte dans l'obscurité du crépuscule.
Eles correram lado a lado na penumbra do crepúsculo.
Ils suivirent le lit du ruisseau jusqu'à la gorge rocheuse.
Eles seguiram o leito do riacho até o desfiladeiro rochoso.
Ils traversèrent une ligne de partage des eaux froide où le ruisseau avait pris sa source.
Eles cruzaram uma divisão fria onde o riacho havia começado.
Sur la pente la plus éloignée, ils trouvèrent une vaste forêt et de nombreux ruisseaux.
Na encosta mais distante, eles encontraram uma ampla floresta e muitos riachos.
À travers ce vaste territoire, ils ont couru pendant des heures sans s'arrêter.
Por esta vasta terra, eles correram por horas sem parar.
Le soleil se leva plus haut, l'air devint chaud, mais ils continuèrent à courir.
O sol nasceu mais alto, o ar ficou mais quente, mas eles continuaram correndo.
Buck était rempli de joie : il savait qu'il répondait à son appel.
Buck estava cheio de alegria, pois sabia que estava respondendo ao seu chamado.
Il courut à côté de son frère de la forêt, plus près de la source de l'appel.
Ele correu ao lado de seu irmão da floresta, mais perto da fonte do chamado.
De vieux sentiments sont revenus, puissants et difficiles à ignorer.
Velhos sentimentos retornaram, poderosos e difíceis de ignorar.
C'étaient les vérités derrière les souvenirs de ses rêves.
Essas eram as verdades por trás das memórias dos seus sonhos.
Il avait déjà fait tout cela auparavant, dans un monde lointain et obscur.
Ele já havia feito tudo isso antes em um mundo distante e sombrio.

Il recommença alors, courant librement avec le ciel ouvert au-dessus.
Agora ele fez isso de novo, correndo solto com o céu aberto acima.
Ils s'arrêtèrent près d'un ruisseau pour boire l'eau froide qui coulait.
Eles pararam em um riacho para beber da água fria que corria.
Alors qu'il buvait, Buck se souvint soudain de John Thornton.
Enquanto bebia, Buck de repente se lembrou de John Thornton.
Il s'assit en silence, déchiré par l'attrait de la loyauté et de l'appel.
Ele sentou-se em silêncio, dilacerado pela atração da lealdade e do chamado.
Le loup continua à trotter, mais revint pour pousser Buck à avancer.
O lobo trotou, mas voltou para incitar Buck a avançar.
Il renifla son nez et essaya de le cajoler avec des gestes doux.
Ele cheirou o nariz e tentou persuadi-lo com gestos suaves.
Mais Buck se retourna et reprit le chemin par lequel il était venu.
Mas Buck se virou e começou a retornar pelo mesmo caminho que veio.
Le loup courut à côté de lui pendant un long moment, gémissant doucement.
O lobo correu ao lado dele por um longo tempo, ganindo baixinho.
Puis il s'assit, leva le nez et poussa un long hurlement.
Então ele se sentou, levantou o nariz e soltou um longo uivo.
C'était un cri lugubre, qui s'adoucit à mesure que Buck s'éloignait.
Era um grito triste, que foi diminuindo à medida que Buck se afastava.
Buck écouta le son du cri s'estomper lentement dans le silence de la forêt.

Buck ouviu enquanto o som do grito desaparecia lentamente no silêncio da floresta.

John Thornton était en train de dîner lorsque Buck a fait irruption dans le camp.

John Thornton estava jantando quando Buck invadiu o acampamento.

Buck sauta sauvagement sur lui, le léchant, le mordant et le faisant culbuter.

Buck saltou sobre ele descontroladamente, lambendo, mordendo e derrubando-o.

Il l'a renversé, s'est hissé dessus et l'a embrassé sur le visage.

Ele o derrubou, subiu em cima dele e beijou seu rosto.

Thornton appelait cela avec affection « jouer le fou du commun ».

Thornton chamou isso de "bancar o bobo comum" com carinho.

Pendant tout ce temps, il maudissait doucement Buck et le secouait d'avant en arrière.

Durante todo o tempo, ele amaldiçoava Buck gentilmente e o sacudia para frente e para trás.

Pendant deux jours et deux nuits entières, Buck n'a pas quitté le camp une seule fois.

Durante dois dias e duas noites inteiras, Buck não saiu do acampamento nem uma vez.

Il est resté proche de Thornton et ne l'a jamais quitté des yeux.

Ele ficava perto de Thornton e nunca o perdia de vista.

Il le suivait pendant qu'il travaillait et le regardait pendant qu'il mangeait.

Ele o seguia enquanto ele trabalhava e o observava enquanto ele comia.

Il voyait Thornton dans ses couvertures la nuit et dehors chaque matin.

Ele via Thornton enrolado em seus cobertores à noite e fora todas as manhãs.

Mais bientôt l'appel de la forêt revint, plus fort que jamais.

Mas logo o chamado da floresta retornou, mais alto do que nunca.
Buck devint à nouveau agité, agité par les pensées du loup sauvage.
Buck ficou inquieto novamente, agitado pelos pensamentos sobre o lobo selvagem.
Il se souvenait de la terre ouverte et de la course côte à côte.
Ele se lembrou do terreno aberto e de correr lado a lado.
Il commença à errer à nouveau dans la forêt, seul et alerte.
Ele começou a vagar pela floresta mais uma vez, sozinho e alerta.
Mais le frère sauvage ne revint pas et le hurlement ne fut pas entendu.
Mas o irmão selvagem não retornou, e o uivo não foi ouvido.
Buck a commencé à dormir dehors, restant absent pendant des jours.
Buck começou a dormir do lado de fora, ficando fora por vários dias.
Une fois, il traversa la haute ligne de partage des eaux où le ruisseau commençait.
Certa vez, ele cruzou a alta divisão onde o riacho havia começado.
Il entra dans le pays des bois sombres et des larges ruisseaux.
Ele entrou na terra das madeiras escuras e dos largos riachos.
Pendant une semaine, il a erré, à la recherche de signes de son frère sauvage.
Por uma semana ele vagou, procurando por sinais do irmão selvagem.
Il tuait sa propre viande et voyageait à grands pas, sans relâche.
Ele matou sua própria carne e viajou com passos longos e incansáveis.
Il pêchait le saumon dans une large rivière qui se jetait dans la mer.
Ele pescava salmão em um rio largo que chegava ao mar.
Là, il combattit et tua un ours noir rendu fou par les insectes.

Lá, ele lutou e matou um urso preto enlouquecido por insetos.
L'ours était en train de pêcher et courait aveuglément à travers les arbres.
O urso estava pescando e correu cegamente entre as árvores.
La bataille fut féroce, réveillant le profond esprit combatif de Buck.
A batalha foi feroz, despertando o profundo espírito de luta de Buck.
Deux jours plus tard, Buck est revenu et a trouvé des carcajous près de sa proie.
Dois dias depois, Buck retornou e encontrou carcajus em sua caça.
Une douzaine d'entre eux se disputaient la viande avec une fureur bruyante.
Uma dúzia deles discutiu pela carne em fúria barulhenta.
Buck chargea et les dispersa comme des feuilles dans le vent.
Buck atacou e os dispersou como folhas ao vento.
Deux loups restèrent derrière, silencieux, sans vie et immobiles pour toujours.
Dois lobos ficaram para trás — silenciosos, sem vida e imóveis para sempre.
La soif de sang était plus forte que jamais.
A sede de sangue ficou mais forte do que nunca.
Buck était un chasseur, un tueur, se nourrissant de créatures vivantes.
Buck era um caçador, um assassino, alimentando-se de criaturas vivas.
Il a survécu seul, en s'appuyant sur sa force et ses sens aiguisés.
Ele sobreviveu sozinho, confiando em sua força e sentidos aguçados.
Il prospérait dans la nature, où seuls les plus résistants pouvaient vivre.
Ele prosperou na natureza, onde somente os mais resistentes conseguiam sobreviver.
De là, une grande fierté s'éleva et remplit tout l'être de Buck.

Disso surgiu um grande orgulho que preencheu todo o ser de Buck.
Sa fierté se reflétait dans chacun de ses pas, dans le mouvement de chacun de ses muscles.
Seu orgulho transparecia em cada passo, na ondulação de cada músculo.
Sa fierté était aussi claire qu'un discours, visible dans la façon dont il se comportait.
Seu orgulho era tão claro quanto a fala, visto na maneira como ele se portava.
Même son épais pelage semblait plus majestueux et brillait davantage.
Até mesmo seu pelo grosso parecia mais majestoso e brilhava mais.
Buck aurait pu être confondu avec un loup géant.
Buck poderia ter sido confundido com um lobo gigante.
À l'exception du brun sur son museau et des taches au-dessus de ses yeux.
Exceto pelo marrom no focinho e manchas acima dos olhos.
Et la traînée de fourrure blanche qui courait au milieu de sa poitrine.
E a faixa branca de pelo que corria no meio do seu peito.
Il était encore plus grand que le plus grand loup de cette race féroce.
Ele era ainda maior que o maior lobo daquela raça feroz.
Son père, un Saint-Bernard, lui a donné de la taille et une ossature lourde.
Seu pai, um São Bernardo, lhe deu tamanho e estrutura robusta.
Sa mère, une bergère, a façonné cette masse en forme de loup.
Sua mãe, uma pastora, moldou aquele corpo em forma de lobo.
Il avait le long museau d'un loup, bien que plus lourd et plus large.
Ele tinha o focinho longo de um lobo, porém mais pesado e largo.

Sa tête était celle d'un loup, mais construite à une échelle massive et majestueuse.

Sua cabeça era de lobo, mas construída em uma escala enorme e majestosa.

La ruse de Buck était la ruse du loup et de la nature.

A astúcia de Buck era a astúcia do lobo e da natureza.

Son intelligence lui vient à la fois du berger allemand et du Saint-Bernard.

Sua inteligência veio tanto do pastor alemão quanto do São Bernardo.

Tout cela, ajouté à une expérience difficile, faisait de lui une créature redoutable.

Tudo isso, somado a uma experiência difícil, fez dele uma criatura assustadora.

Il était aussi redoutable que n'importe quelle bête qui parcourait les régions sauvages du nord.

Ele era tão formidável quanto qualquer animal que vagava pela natureza selvagem do norte.

Ne se nourrissant que de viande, Buck a atteint le sommet de sa force.

Vivendo apenas de carne, Buck atingiu o auge de sua força.

Il débordait de puissance et de force masculine dans chaque fibre de son être.

Ele transbordava poder e força masculina em cada fibra dele.

Lorsque Thornton lui caressait le dos, ses poils brillaient d'énergie.

Quando Thornton acariciou suas costas, os pelos brilharam com energia.

Chaque cheveu crépitait, chargé du contact du magnétisme vivant.

Cada fio de cabelo estalava, carregado com o toque do magnetismo vivo.

Son corps et son cerveau étaient réglés sur le ton le plus fin possible.

Seu corpo e cérebro estavam sintonizados na melhor afinação possível.

Chaque nerf, chaque fibre et chaque muscle fonctionnaient en parfaite harmonie.
Cada nervo, fibra e músculo funcionava em perfeita harmonia.
À tout son ou toute vue nécessitant une action, il répondait instantanément.
A qualquer som ou visão que exigisse ação, ele respondia instantaneamente.
Si un husky sautait pour attaquer, Buck pouvait sauter deux fois plus vite.
Se um husky saltasse para atacar, Buck poderia saltar duas vezes mais rápido.
Il a réagi plus vite que les autres ne pouvaient le voir ou l'entendre.
Ele reagiu mais rápido do que os outros poderiam ver ou ouvir.
La perception, la décision et l'action se sont produites en un seul instant fluide.
Percepção, decisão e ação aconteceram em um momento fluido.
En vérité, ces actes étaient distincts, mais trop rapides pour être remarqués.
Na verdade, esses atos foram separados, mas rápidos demais para serem notados.
Les intervalles entre ces actes étaient si brefs qu'ils semblaient n'en faire qu'un.
Tão breves eram os intervalos entre esses atos, que eles pareciam um só.
Ses muscles et son être étaient comme des ressorts étroitement enroulés.
Seus músculos e seu ser eram como molas firmemente enroladas.
Son corps débordait de vie, sauvage et joyeux dans sa puissance.
Seu corpo transbordava de vida, selvagem e alegre em seu poder.
Parfois, il avait l'impression que la force allait jaillir de lui entièrement.

Às vezes ele sentia como se a força fosse explodir completamente para fora dele.

« Il n'y a jamais eu un tel chien », a déclaré Thornton un jour tranquille.

"Nunca existiu um cachorro assim", disse Thornton em um dia tranquilo.

Les partenaires regardaient Buck sortir fièrement du camp.

Os parceiros observaram Buck saindo orgulhosamente do acampamento.

« Lorsqu'il a été créé, il a changé ce que pouvait être un chien », a déclaré Pete.

"Quando ele foi criado, ele mudou o que um cachorro pode ser", disse Pete.

« Par Jésus ! Je le pense moi-même », acquiesça rapidement Hans.

"Por Jesus! Eu também acho", Hans concordou rapidamente.

Ils l'ont vu s'éloigner, mais pas le changement qui s'est produit après.

Eles o viram partir, mas não a mudança que veio depois.

Dès qu'il est entré dans les bois, Buck s'est complètement transformé.

Assim que entrou na floresta, Buck se transformou completamente.

Il ne marchait plus, mais se déplaçait comme un fantôme sauvage parmi les arbres.

Ele não marchava mais, mas se movia como um fantasma selvagem entre as árvores.

Il devint silencieux, les pieds comme un chat, une lueur traversant les ombres.

Ele ficou em silêncio, com passos de gato, um lampejo passando pelas sombras.

Il utilisait la couverture avec habileté, rampant sur le ventre comme un serpent.

Ele usava cobertura com habilidade, rastejando de barriga como uma cobra.

Et comme un serpent, il pouvait bondir en avant et frapper en silence.

E como uma cobra, ele podia saltar para frente e atacar em silêncio.
Il pourrait voler un lagopède directement dans son nid caché.
Ele poderia roubar uma perdiz-branca diretamente de seu ninho escondido.
Il a tué des lapins endormis sans un seul bruit.
Ele matou coelhos adormecidos sem fazer nenhum barulho.
Il pouvait attraper des tamias en plein vol alors qu'ils fuyaient trop lentement.
Ele conseguia pegar esquilos no ar, pois eles fugiam muito devagar.
Même les poissons dans les bassins ne pouvaient échapper à ses attaques soudaines.
Nem mesmo os peixes nos lagos conseguiram escapar de seus ataques repentinos.
Même les castors astucieux qui réparaient les barrages n'étaient pas à l'abri de lui.
Nem mesmo os castores espertos que consertavam represas estavam a salvo dele.
Il tuait pour se nourrir, pas pour le plaisir, mais il préférait tuer ses propres victimes.
Ele matava por comida, não por diversão, mas gostava mais de suas próprias presas.
Pourtant, un humour sournois traversait certaines de ses chasses silencieuses.
Ainda assim, um humor astuto permeava algumas de suas caçadas silenciosas.
Il s'est approché des écureuils, mais les a laissés s'échapper.
Ele se aproximou dos esquilos, apenas para deixá-los escapar.
Ils allaient fuir vers les arbres, bavardant dans une rage effrayée.
Eles iriam fugir para as árvores, tagarelando com medo e indignação.
À l'arrivée de l'automne, les orignaux ont commencé à apparaître en plus grand nombre.

Com a chegada do outono, os alces começaram a aparecer em maior número.

Ils se sont déplacés lentement vers les basses vallées pour affronter l'hiver.

Eles se moveram lentamente em direção aos vales baixos para enfrentar o inverno.

Buck avait déjà abattu un jeune veau errant.

Buck já havia abatido um bezerro jovem e perdido.

Mais il aspirait à affronter des proies plus grandes et plus dangereuses.

Mas ele ansiava por enfrentar presas maiores e mais perigosas.

Un jour, à la ligne de partage des eaux, à la tête du ruisseau, il trouva sa chance.

Um dia, na divisão, na nascente do riacho, ele encontrou sua chance.

Un troupeau de vingt orignaux avait traversé des terres boisées.

Uma manada de vinte alces havia cruzado as terras florestais.

Parmi eux se trouvait un puissant taureau, le chef du groupe.

Entre eles estava um touro poderoso; o líder do grupo.

Le taureau mesurait plus de six pieds de haut et avait l'air féroce et sauvage.

O touro tinha mais de 1,80 m de altura e parecia feroz e selvagem.

Il lança ses larges bois, quatorze pointes se ramifiant vers l'extérieur.

Ele jogou seus chifres largos, quatorze pontas ramificadas para fora.

Les extrémités de ces bois s'étendaient sur sept pieds de large.

As pontas desses chifres tinham mais de dois metros de largura.

Ses petits yeux brûlaient de rage lorsqu'il aperçut Buck à proximité.

Seus olhinhos ardiam de raiva quando ele avistou Buck por perto.

Il poussa un rugissement furieux, tremblant de fureur et de douleur.
Ele soltou um rugido furioso, tremendo de fúria e dor.
Une pointe de flèche sortait près de son flanc, empennée et pointue.
Uma ponta de flecha, pontuda e afiada, projetava-se perto de seu flanco.
Cette blessure a contribué à expliquer son humeur sauvage et amère.
Essa ferida ajudou a explicar seu humor selvagem e amargo.
Buck, guidé par un ancien instinct de chasseur, a fait son mouvement.
Buck, guiado por um antigo instinto de caça, fez seu movimento.
Son objectif était de séparer le taureau du reste du troupeau.
Ele tentou separar o touro do resto do rebanho.
Ce n'était pas une tâche facile : il fallait de la rapidité et une ruse féroce.
Não foi uma tarefa fácil: exigiu rapidez e muita astúcia.
Il aboyait et dansait près du taureau, juste hors de portée.
Ele latiu e dançou perto do touro, fora do alcance.
L'élan s'est précipité avec d'énormes sabots et des bois mortels.
O alce atacou com cascos enormes e chifres mortais.
Un seul coup aurait pu mettre fin à la vie de Buck en un clin d'œil.
Um golpe poderia ter acabado com a vida de Buck num piscar de olhos.
Incapable de laisser la menace derrière lui, le taureau devint fou.
Incapaz de deixar a ameaça para trás, o touro ficou furioso.
Il chargea avec fureur, mais Buck s'échappa toujours.
Ele atacou com fúria, mas Buck sempre escapava.
Buck simula une faiblesse, l'attirant plus loin du troupeau.
Buck fingiu fraqueza, atraindo-o para mais longe do rebanho.
Mais les jeunes taureaux allaient charger pour protéger le leader.

Mas os touros jovens iriam revidar para proteger o líder.
Ils ont forcé Buck à battre en retraite et le taureau à rejoindre le groupe.
Eles forçaram Buck a recuar e o touro a se juntar ao grupo.
Il y a une patience dans la nature, profonde et imparable.
Há uma paciência na natureza, profunda e imparável.
Une araignée attend immobile dans sa toile pendant d'innombrables heures.
Uma aranha espera imóvel em sua teia por incontáveis horas.
Un serpent s'enroule sans tressaillement et attend que son heure soit venue.
Uma cobra se enrola sem se mexer e espera até que seja a hora.
Une panthère se tient en embuscade, jusqu'à ce que le moment arrive.
Uma pantera fica à espreita, até que o momento chega.
C'est la patience des prédateurs qui chassent pour survivre.
Essa é a paciência dos predadores que caçam para sobreviver.
Cette même patience brûlait à l'intérieur de Buck alors qu'il restait proche.
Essa mesma paciência queimava dentro de Buck enquanto ele ficava por perto.
Il resta près du troupeau, ralentissant sa marche et suscitant la peur.
Ele permaneceu perto do rebanho, diminuindo a marcha e provocando medo.
Il taquinait les jeunes taureaux et harcelait les vaches mères.
Ele provocava os touros jovens e assediava as vacas mães.
Il a plongé le taureau blessé dans une rage encore plus profonde et impuissante.
Ele levou o touro ferido a uma fúria mais profunda e impotente.
Pendant une demi-journée, le combat s'est prolongé sans aucun répit.
Durante meio dia, a luta se arrastou sem nenhum descanso.
Buck attaquait sous tous les angles, rapide et féroce comme le vent.
Buck atacou de todos os ângulos, rápido e feroz como o vento.

Il a empêché le taureau de se reposer ou de se cacher avec son troupeau.
Ele impediu que o touro descansasse ou se escondesse com seu rebanho.
Le cerf a épuisé la volonté de l'élan plus vite que son corps.
Buck desgastou a vontade do alce mais rápido que seu corpo.
La journée passa et le soleil se coucha bas dans le ciel du nord-ouest.
O dia passou e o sol se pôs no céu noroeste.
Les jeunes taureaux revinrent plus lentement pour aider leur chef.
Os touros jovens retornaram mais lentamente para ajudar seu líder.
Les nuits d'automne étaient revenues et l'obscurité durait désormais six heures.
As noites de outono retornaram e a escuridão agora durava seis horas.
L'hiver les poussait vers des vallées plus sûres et plus chaudes.
O inverno os estava empurrando ladeira abaixo em direção a vales mais seguros e quentes.
Mais ils ne pouvaient toujours pas échapper au chasseur qui les retenait.
Mas eles ainda não conseguiam escapar do caçador que os segurava.
Une seule vie était en jeu : pas celle du troupeau, mais celle de leur chef.
Apenas uma vida estava em jogo: não a do rebanho, apenas a do seu líder.
Cela rendait la menace lointaine et non leur préoccupation urgente.
Isso fez com que a ameaça fosse distante e não uma preocupação urgente.
Au fil du temps, ils ont accepté ce prix et ont laissé Buck prendre le vieux taureau.
Com o tempo, eles aceitaram esse custo e deixaram Buck levar o velho touro.

Alors que le crépuscule s'installait, le vieux taureau se tenait debout, la tête baissée.
Quando o crepúsculo chegou, o velho touro ficou com a cabeça baixa.
Il regarda le troupeau qu'il avait conduit disparaître dans la lumière déclinante.
Ele observou o rebanho que havia liderado desaparecer na luz que se apagava.
Il y avait des vaches qu'il avait connues, des veaux qu'il avait autrefois engendrés.
Havia vacas que ele conheceu, bezerros que ele gerou.
Il y avait des taureaux plus jeunes qu'il avait combattus et dominés au cours des saisons précédentes.
Havia touros mais jovens com quem ele lutou e governou em temporadas passadas.
Il ne pouvait pas les suivre, car Buck était à nouveau accroupi devant lui.
Ele não pôde segui-los, pois Buck estava agachado novamente diante dele.
La terreur impitoyable aux crocs bloquait tous les chemins qu'il pouvait emprunter.
O terror implacável das presas bloqueava todos os caminhos que ele poderia tomar.
Le taureau pesait plus de trois cents livres de puissance dense.
O touro pesava mais de trezentos quilos de poder denso.
Il avait vécu longtemps et s'était battu avec acharnement dans un monde de luttes.
Ele viveu muito e lutou muito em um mundo de lutas.
Mais maintenant, à la fin, la mort venait d'une bête bien en dessous de lui.
Mas agora, no final, a morte veio de uma fera muito abaixo dele.
La tête de Buck n'atteignait même pas les énormes genoux noueux du taureau.
A cabeça de Buck nem sequer chegou aos enormes joelhos do touro.

À partir de ce moment, Buck resta avec le taureau nuit et jour.
Daquele momento em diante, Buck ficou com o touro dia e noite.
Il ne lui a jamais laissé de repos, ne lui a jamais permis de brouter ou de boire.
Ele nunca lhe deu descanso, nunca lhe permitiu pastar ou beber.
Le taureau a essayé de manger de jeunes pousses de bouleau et des feuilles de saule.
O touro tentou comer brotos de bétula e folhas de salgueiro.
Mais Buck le repoussa, toujours alerte et toujours attaquant.
Mas Buck o expulsou, sempre alerta e sempre atacando.
Même dans les ruisseaux qui ruisselaient, Buck bloquait toute tentative assoiffée.
Mesmo em riachos caudalosos, Buck bloqueava todas as tentativas sedentas.
Parfois, par désespoir, le taureau s'enfuyait à toute vitesse.
Às vezes, em desespero, o touro fugia a toda velocidade.
Buck le laissa courir, galopant calmement juste derrière, jamais très loin.
Buck o deixou correr, caminhando calmamente logo atrás, nunca muito longe.
Lorsque l'élan s'arrêta, Buck s'allongea, mais resta prêt.
Quando o alce parou, Buck deitou-se, mas permaneceu pronto.
Si le taureau essayait de manger ou de boire, Buck frappait avec une fureur totale.
Se o touro tentasse comer ou beber, Buck atacava com fúria total.
La grosse tête du taureau s'affaissait sous ses vastes bois.
A grande cabeça do touro pendia mais para baixo sob seus enormes chifres.
Son rythme ralentit, le trot devint lourd, une marche trébuchante.
Seu passo diminuiu, o trote se tornou pesado, um andar cambaleante.

Il restait souvent immobile, les oreilles tombantes et le nez au sol.
Ele frequentemente ficava parado com as orelhas caídas e o focinho no chão.
Pendant ces moments-là, Buck prenait le temps de boire et de se reposer.
Durante esses momentos, Buck tirou um tempo para beber e descansar.
La langue tirée, les yeux fixés, Buck sentait que la terre était en train de changer.
Com a língua para fora e os olhos fixos, Buck sentiu que a terra estava mudando.
Il sentit quelque chose de nouveau se déplacer dans la forêt et dans le ciel.
Ele sentiu algo novo se movendo pela floresta e pelo céu.
Avec le retour des orignaux, d'autres créatures sauvages ont fait de même.
Com o retorno dos alces, outras criaturas selvagens também retornaram.
La terre semblait vivante, avec une présence invisible mais fortement connue.
A terra parecia viva e presente, invisível, mas fortemente conhecida.
Ce n'était ni par l'ouïe, ni par la vue, ni par l'odorat que Buck le savait.
Não foi pelo som, pela visão ou pelo cheiro que Buck soube disso.
Un sentiment plus profond lui disait que de nouvelles forces étaient en mouvement.
Um senso mais profundo lhe dizia que novas forças estavam em movimento.
Une vie étrange s'agitait dans les bois et le long des ruisseaux.
Vida estranha agitava-se nas florestas e ao longo dos riachos.
Il a décidé d'explorer cet esprit, une fois la chasse terminée.
Ele resolveu explorar esse espírito depois que a caçada terminasse.

Le quatrième jour, Buck a finalement abattu l'élan.
No quarto dia, Buck finalmente derrubou o alce.
Il est resté près de la proie pendant une journée et une nuit entières, se nourrissant et se reposant.
Ele ficou perto da presa por um dia e uma noite inteiros, alimentando-se e descansando.
Il mangea, puis dormit, puis mangea à nouveau, jusqu'à ce qu'il soit fort et rassasié.
Ele comeu, depois dormiu, depois comeu novamente, até ficar forte e satisfeito.
Lorsqu'il fut prêt, il retourna vers le camp et Thornton.
Quando ele estava pronto, ele voltou para o acampamento e para Thornton.
D'un pas régulier, il commença le long voyage de retour vers la maison.
Com ritmo constante, ele começou a longa jornada de volta para casa.
Il courait d'un pas infatigable, heure après heure, sans jamais s'égarer.
Ele correu em seu passo incansável, hora após hora, sem nunca se desviar.
À travers des terres inconnues, il se déplaçait droit comme l'aiguille d'une boussole.
Por terras desconhecidas, ele se moveu em linha reta como a agulha de uma bússola.
Son sens de l'orientation faisait paraître l'homme et la carte faibles en comparaison.
Seu senso de direção fazia o homem e o mapa parecerem fracos em comparação.
Tandis que Buck courait, il sentait plus fortement l'agitation dans la terre sauvage.
Enquanto Buck corria, ele sentia cada vez mais a agitação na terra selvagem.
C'était un nouveau genre de vie, différent de celui des mois calmes de l'été.
Era um novo tipo de vida, diferente daquela dos calmos meses de verão.

Ce sentiment n'était plus un message subtil ou distant.
Esse sentimento não vinha mais como uma mensagem sutil ou distante.

Maintenant, les oiseaux parlaient de cette vie et les écureuils en bavardaient.
Agora os pássaros falavam desta vida, e os esquilos tagarelavam sobre ela.

Même la brise murmurait des avertissements à travers les arbres silencieux.
Até a brisa sussurrava avisos através das árvores silenciosas.

Il s'arrêta à plusieurs reprises et respira l'air frais du matin.
Várias vezes ele parou e cheirou o ar fresco da manhã.

Il y lut un message qui le fit bondir plus vite en avant.
Ele leu uma mensagem ali que o fez avançar mais rápido.

Un lourd sentiment de danger l'envahit, comme si quelque chose s'était mal passé.
Uma forte sensação de perigo o preencheu, como se algo tivesse dado errado.

Il craignait qu'une catastrophe ne se produise – ou ne soit déjà arrivée.
Ele temia que a calamidade estivesse chegando — ou já tivesse chegado.

Il franchit la dernière crête et entra dans la vallée en contrebas.
Ele cruzou a última crista e entrou no vale abaixo.

Il se déplaçait plus lentement, alerte et prudent à chaque pas.
Ele se movia mais lentamente, alerta e cauteloso a cada passo.

À trois milles de là, il trouva une piste fraîche qui le fit se raidir.
Três milhas depois, ele encontrou uma trilha nova que o fez ficar tenso.

Les cheveux le long de son cou ondulaient et se hérissaient d'alarme.
Os pelos do seu pescoço se arrepiaram e se agitaram em alarme.

Le sentier menait directement au camp où Thornton attendait.
A trilha levava direto para o acampamento onde Thornton esperava.

Buck se déplaçait désormais plus rapidement, sa foulée à la fois silencieuse et rapide.
Buck se movia mais rápido agora, seus passos eram silenciosos e rápidos.

Ses nerfs se sont resserrés lorsqu'il a lu des signes que d'autres allaient manquer.
Seus nervos ficaram tensos ao perceber sinais que os outros não perceberiam.

Chaque détail du sentier racontait une histoire, sauf le dernier morceau.
Cada detalhe da trilha contava uma história, exceto o pedaço final.

Son nez lui parlait de la vie qui s'était déroulée ici.
Seu nariz lhe contava sobre a vida que havia passado por ali.

L'odeur lui donnait une image changeante alors qu'il le suivait de près.
O cheiro lhe deu uma imagem mutável enquanto ele o seguia de perto.

Mais la forêt elle-même était devenue silencieuse, anormalement immobile.
Mas a floresta em si ficou quieta; estranhamente parada.

Les oiseaux avaient disparu, les écureuils étaient cachés, silencieux et immobiles.
Os pássaros desapareceram, os esquilos estavam escondidos, silenciosos e imóveis.

Il n'a vu qu'un seul écureuil gris, allongé sur un arbre mort.
Ele viu apenas um esquilo cinza, deitado em uma árvore morta.

L'écureuil se fondait dans la masse, raide et immobile comme une partie de la forêt.
O esquilo se misturou, rígido e imóvel como uma parte da floresta.

Buck se déplaçait comme une ombre, silencieux et sûr à travers les arbres.
Buck se movia como uma sombra, silenciosa e segura, através das árvores.

Son nez se souleva sur le côté comme s'il était tiré par une main invisible.
Seu nariz se moveu para o lado como se tivesse sido puxado por uma mão invisível.

Il se retourna et suivit la nouvelle odeur jusqu'au plus profond d'un fourré.
Ele se virou e seguiu o novo cheiro em direção ao interior de um matagal.

Là, il trouva Nig, étendu mort, transpercé par une flèche.
Lá ele encontrou Nig, morto, atravessado por uma flecha.

La flèche traversa son corps, laissant encore apparaître ses plumes.
A flecha atravessou seu corpo, deixando as penas ainda visíveis.

Nig s'était traîné jusqu'ici, mais il était mort avant d'avoir pu obtenir de l'aide.
Nig se arrastou até lá, mas morreu antes de conseguir ajuda.

Une centaine de mètres plus loin, Buck trouva un autre chien de traîneau.
Cem metros mais adiante, Buck encontrou outro cão de trenó.

C'était un chien que Thornton avait racheté à Dawson City.
Era um cachorro que Thornton havia comprado em Dawson City.

Le chien était en proie à une lutte à mort, se débattant violemment sur le sentier.
O cachorro estava em uma luta mortal, se debatendo com força na trilha.

Buck le contourna sans s'arrêter, les yeux fixés devant lui.
Buck passou ao redor dele, sem parar, com os olhos fixos à frente.

Du côté du camp venait un chant lointain et rythmé.
Da direção do acampamento veio um canto distante e rítmico.

Les voix s'élevaient et retombaient sur un ton étrange, inquiétant et chantant.
As vozes subiam e desciam num tom estranho, sinistro e cantante.
Buck rampa jusqu'au bord de la clairière en silence.
Buck rastejou até a borda da clareira em silêncio.
Là, il vit Hans étendu face contre terre, percé de nombreuses flèches.
Lá ele viu Hans deitado de bruços, perfurado por muitas flechas.
Son corps ressemblait à celui d'un porc-épic, hérissé de plumes.
Seu corpo parecia o de um porco-espinho, eriçado de penas.
Au même moment, Buck regarda vers le pavillon en ruine.
No mesmo momento, Buck olhou para a cabana em ruínas.
Cette vue lui fit dresser les cheveux sur la nuque et les épaules.
A visão fez os cabelos de seu pescoço e ombros se arrepiarem.
Une tempête de rage sauvage parcourut tout le corps de Buck.
Uma tempestade de raiva selvagem percorreu todo o corpo de Buck.
Il grogna à haute voix, même s'il ne savait pas qu'il l'avait fait.
Ele rosnou alto, embora não soubesse que tinha feito isso.
Le son était brut, rempli d'une fureur terrifiante et sauvage.
O som era cru, cheio de uma fúria terrível e selvagem.
Pour la dernière fois de sa vie, Buck a perdu la raison au profit de l'émotion.
Pela última vez na vida, Buck perdeu a razão para as emoções.
C'est l'amour pour John Thornton qui a brisé son contrôle minutieux.
Foi o amor por John Thornton que quebrou seu controle cuidadoso.
Les Yeehats dansaient autour de la hutte en épicéa détruite.
Os Yeehats estavam dançando ao redor do chalé de abetos destruído.

Puis un rugissement retentit et une bête inconnue chargea vers eux.
Então ouviu-se um rugido, e uma fera desconhecida avançou em direção a eles.

C'était Buck ; une fureur en mouvement ; une tempête vivante de vengeance.
Era Buck; uma fúria em movimento; uma tempestade viva de vingança.

Il se jeta au milieu d'eux, fou du besoin de tuer.
Ele se jogou no meio deles, louco pela necessidade de matar.

Il sauta sur le premier homme, le chef Yeehat, et frappa juste.
Ele saltou sobre o primeiro homem, o chefe Yeehat, e acertou em cheio.

Sa gorge fut déchirée et du sang jaillit à flots.
Sua garganta foi aberta e o sangue jorrou num jato.

Buck ne s'arrêta pas, mais déchira la gorge de l'homme suivant d'un seul bond.
Buck não parou, mas rasgou a garganta do próximo homem com um salto.

Il était inarrêtable : il déchirait, taillait, ne s'arrêtait jamais pour se reposer.
Ele era imparável — rasgando, cortando, sem nunca parar para descansar.

Il s'élança et bondit si vite que leurs flèches ne purent l'atteindre.
Ele disparou e saltou tão rápido que as flechas não conseguiram atingi-lo.

Les Yeehats étaient pris dans leur propre panique et confusion.
Os Yeehats estavam presos em seu próprio pânico e confusão.

Leurs flèches manquèrent Buck et se frappèrent l'une l'autre à la place.
As flechas deles erraram Buck e atingiram umas às outras.

Un jeune homme a lancé une lance sur Buck et a touché un autre homme.
Um jovem atirou uma lança em Buck e atingiu outro homem.

La lance lui transperça la poitrine, la pointe lui transperçant le dos.
A lança atravessou seu peito e a ponta perfurou suas costas.
La terreur s'empara des Yeehats et ils se mirent en retraite.
O terror tomou conta dos Yeehats e eles começaram a recuar completamente.
Ils crièrent à l'Esprit Maléfique et s'enfuirent dans les ombres de la forêt.
Eles gritaram sobre o Espírito Maligno e fugiram para as sombras da floresta.
Vraiment, Buck était comme un démon alors qu'il poursuivait les Yeehats.
De fato, Buck era como um demônio enquanto perseguia os Yeehats.
Il les poursuivit à travers la forêt, les faisant tomber comme des cerfs.
Ele correu atrás deles pela floresta, derrubando-os como veados.
Ce fut un jour de destin et de terreur pour les Yeehats effrayés.
Tornou-se um dia de destino e terror para os assustados Yeehats.
Ils se dispersèrent à travers le pays, fuyant au loin dans toutes les directions.
Eles se espalharam pela terra, fugindo em todas as direções.
Une semaine entière s'est écoulée avant que les derniers survivants ne se retrouvent dans une vallée.
Uma semana inteira se passou antes que os últimos sobreviventes se encontrassem em um vale.
Ce n'est qu'alors qu'ils ont compté leurs pertes et parlé de ce qui s'était passé.
Só então eles contaram suas perdas e falaram sobre o que aconteceu.
Buck, après s'être lassé de la chasse, retourna au camp en ruine.
Buck, cansado da perseguição, retornou ao acampamento em ruínas.

Il a trouvé Pete, toujours dans ses couvertures, tué lors de la première attaque.
Ele encontrou Pete, ainda em seus cobertores, morto no primeiro ataque.
Les signes du dernier combat de Thornton étaient marqués dans la terre à proximité.
Sinais da última luta de Thornton estavam marcados na terra próxima.
Buck a suivi chaque trace, reniflant chaque marque jusqu'à un point final.
Buck seguiu cada rastro, farejando cada marca até um ponto final.
Au bord d'un bassin profond, il trouva le fidèle Skeet, allongé immobile.
Na beira de um poço fundo, ele encontrou o fiel Skeet, deitado e imóvel.
La tête et les pattes avant de Skeet étaient dans l'eau, immobiles dans la mort.
A cabeça e as patas dianteiras de Skeet estavam na água, imóveis na morte.
La piscine était boueuse et contaminée par les eaux de ruissellement provenant des écluses.
A piscina estava lamacenta e contaminada com o escoamento das caixas de comportas.
Sa surface nuageuse cachait ce qui se trouvait en dessous, mais Buck connaissait la vérité.
Sua superfície nublada escondia o que havia por baixo, mas Buck sabia a verdade.
Il a suivi l'odeur de Thornton dans la piscine, mais l'odeur ne menait nulle part ailleurs.
Ele seguiu o cheiro de Thornton até a piscina, mas o cheiro não levou a nenhum outro lugar.
Aucune odeur ne menait à l'extérieur, seulement le silence des eaux profondes.
Não havia nenhum cheiro vindo de fora — apenas o silêncio das águas profundas.

Toute la journée, Buck resta près de la piscine, arpentant le camp avec chagrin.
Buck ficou o dia todo perto da piscina, andando de um lado para o outro no acampamento, sentindo-se triste.
Il errait sans cesse ou restait assis, immobile, perdu dans ses pensées.
Ele vagava inquieto ou sentava-se em silêncio, perdido em pensamentos pesados.
Il connaissait la mort, la fin de la vie, la disparition de tout mouvement.
Ele conhecia a morte; o fim da vida; o desaparecimento de todo movimento.
Il comprit que John Thornton était parti et ne reviendrait jamais.
Ele entendeu que John Thornton havia partido e nunca mais retornaria.
La perte a laissé en lui un vide qui palpitait comme la faim.
A perda deixou um vazio nele que pulsava como fome.
Mais c'était une faim que la nourriture ne pouvait apaiser, peu importe la quantité qu'il mangeait.
Mas essa era uma fome que a comida não conseguia saciar, não importava o quanto ele comesse.
Parfois, alors qu'il regardait les Yeehats morts, la douleur s'estompait.
Às vezes, quando ele olhava para os Yeehats mortos, a dor desaparecia.
Et puis une étrange fierté monta en lui, féroce et complète.
E então um estranho orgulho surgiu dentro dele, feroz e completo.
Il avait tué l'homme, le gibier le plus élevé et le plus dangereux de tous.
Ele havia matado o homem, o jogo mais elevado e perigoso de todos.
Il avait tué au mépris de l'ancienne loi du gourdin et des crocs.
Ele matou desafiando a antiga lei da clava e das presas.
Buck renifla leurs corps sans vie, curieux et pensif.

Buck cheirou seus corpos sem vida, curioso e pensativo.
Ils étaient morts si facilement, bien plus facilement qu'un husky dans un combat.
Eles morreram tão facilmente — muito mais facilmente do que um husky em uma luta.
Sans leurs armes, ils n'avaient aucune véritable force ni menace.
Sem suas armas, eles não tinham força ou ameaça verdadeira.
Buck n'aurait plus jamais peur d'eux, à moins qu'ils ne soient armés.
Buck nunca mais teria medo deles, a menos que estivessem armados.
Ce n'est que lorsqu'ils portaient des gourdins, des lances ou des flèches qu'il se méfiait.
Somente quando eles carregavam porretes, lanças ou flechas ele tomava cuidado.

La nuit tomba et une pleine lune se leva au-dessus de la cime des arbres.
A noite caiu e a lua cheia surgiu bem acima do topo das árvores.
La pâle lumière de la lune baignait la terre d'une douce lueur fantomatique, comme le jour.
A luz pálida da lua banhava a terra com um brilho suave e fantasmagórico, como o dia.
Alors que la nuit s'approfondissait, Buck pleurait toujours au bord de la piscine silencieuse.
À medida que a noite avançava, Buck ainda lamentava na piscina silenciosa.
Puis il prit conscience d'un autre mouvement dans la forêt.
Então ele percebeu uma agitação diferente na floresta.
L'agitation ne venait pas des Yeehats, mais de quelque chose de plus ancien et de plus profond.
A agitação não veio dos Yeehats, mas de algo mais antigo e profundo.
Il se leva, les oreilles dressées, le nez testant la brise avec précaution.

Ele se levantou, com as orelhas erguidas e o nariz testando a brisa com cuidado.

De loin, un cri faible et aigu perça le silence.

De muito longe veio um grito fraco e agudo que perfurou o silêncio.

Puis un chœur de cris similaires suivit de près le premier.

Então, um coro de gritos semelhantes seguiu logo atrás do primeiro.

Le bruit se rapprochait, devenant plus fort à chaque instant qui passait.

O som se aproximava, ficando mais alto a cada momento.

Buck connaissait ce cri : il venait de cet autre monde dans sa mémoire.

Buck conhecia esse grito, ele vinha daquele outro mundo em sua memória.

Il se dirigea vers le centre de l'espace ouvert et écouta attentivement.

Ele caminhou até o centro do espaço aberto e ouviu atentamente.

L'appel retentit, multiple et plus puissant que jamais.

O chamado soou, com muitas notas e mais poderoso do que nunca.

Et maintenant, plus que jamais, Buck était prêt à répondre à son appel.

E agora, mais do que nunca, Buck estava pronto para atender ao seu chamado.

John Thornton était mort et il ne lui restait plus aucun lien avec l'homme.

John Thornton estava morto, e nenhum vínculo com o homem permanecia nele.

L'homme et toutes ses prétentions avaient disparu : il était enfin libre.

O homem e todas as reivindicações humanas desapareceram — ele estava livre finalmente.

La meute de loups chassait de la viande comme les Yeehats l'avaient fait autrefois.

A matilha de lobos estava atrás de carne como os Yeehats faziam antigamente.

Ils avaient suivi les orignaux depuis les terres boisées.

Eles seguiram os alces desde as terras arborizadas.

Maintenant, sauvages et affamés de proies, ils traversèrent sa vallée.

Agora, selvagens e famintos por presas, eles cruzaram o vale.

Ils arrivèrent dans la clairière éclairée par la lune, coulant comme de l'eau argentée.

Eles chegaram à clareira iluminada pela lua, fluindo como água prateada.

Buck se tenait immobile au centre, les attendant.

Buck ficou parado no centro, imóvel, esperando por eles.

Sa présence calme et imposante a stupéfié la meute et l'a plongée dans un bref silence.

Sua presença calma e grande surpreendeu o grupo, fazendo-o ficar em breve silêncio.

Alors le loup le plus audacieux sauta droit sur lui sans hésitation.

Então o lobo mais ousado saltou direto nele sem hesitar.

Buck frappa vite et brisa le cou du loup d'un seul coup.

Buck atacou rápido e quebrou o pescoço do lobo com um único golpe.

Il resta immobile à nouveau tandis que le loup mourant se tordait derrière lui.

Ele ficou imóvel novamente enquanto o lobo moribundo se contorcia atrás dele.

Trois autres loups ont attaqué rapidement, l'un après l'autre.

Mais três lobos atacaram rapidamente, um após o outro.

Chacun d'eux s'est retiré en sang, la gorge ou les épaules tranchées.

Cada um recuou sangrando, com a garganta ou os ombros cortados.

Cela a suffi à déclencher une charge sauvage de toute la meute.

Isso foi o suficiente para fazer com que todo o bando atacasse descontroladamente.

Ils se précipitèrent ensemble, trop impatients et trop nombreux pour bien frapper.
Eles correram juntos, muito ansiosos e aglomerados para atacar bem.

La vitesse et l'habileté de Buck lui ont permis de rester en tête de l'attaque.
A velocidade e habilidade de Buck permitiram que ele ficasse à frente do ataque.

Il tournait sur ses pattes arrière, claquant et frappant dans toutes les directions.
Ele girou sobre as patas traseiras, estalando e atacando em todas as direções.

Pour les loups, cela donnait l'impression que sa défense ne s'était jamais ouverte ou n'avait jamais faibli.
Para os lobos, parecia que sua defesa nunca abria ou vacilava.

Il s'est retourné et a frappé si vite qu'ils ne pouvaient pas passer derrière lui.
Ele se virou e atacou tão rápido que eles não conseguiram ficar atrás dele.

Néanmoins, leur nombre l'obligea à céder du terrain et à reculer.
Mesmo assim, o número deles o forçou a ceder terreno e recuar.

Il passa devant la piscine et descendit dans le lit rocheux du ruisseau.
Ele passou pela piscina e desceu até o leito rochoso do riacho.

Là, il se heurta à un talus abrupt de gravier et de terre.
Lá ele chegou a um barranco íngreme de cascalho e terra.

Il s'est retrouvé coincé dans un coin coupé lors des fouilles des mineurs.
Ele entrou em um corte de canto durante a antiga escavação dos mineiros.

Désormais protégé sur trois côtés, Buck ne faisait face qu'au loup de devant.
Agora, protegido por três lados, Buck enfrentava apenas o lobo da frente.

Là, il se tenait à distance, prêt pour la prochaine vague d'assaut.
Lá, ele ficou à distância, pronto para a próxima onda de ataque.
Buck a tenu bon si farouchement que les loups ont reculé.
Buck se manteve firme com tanta ferocidade que os lobos recuaram.
Au bout d'une demi-heure, ils étaient épuisés et visiblement vaincus.
Depois de meia hora, eles estavam exaustos e visivelmente derrotados.
Leurs langues pendaient, leurs crocs blancs brillaient au clair de lune.
Suas línguas estavam para fora, suas presas brancas brilhavam ao luar.
Certains loups se sont couchés, la tête levée, les oreilles dressées vers Buck.
Alguns lobos se deitaram, com as cabeças erguidas e as orelhas em pé na direção de Buck.
D'autres restaient immobiles, vigilants et observant chacun de ses mouvements.
Outros ficaram parados, alertas e observando cada movimento seu.
Quelques-uns se sont dirigés vers la piscine et ont bu de l'eau froide.
Alguns foram até a piscina e tomaram água fria.
Puis un loup gris, long et maigre, s'avança doucement.
Então, um lobo cinzento, longo e magro avançou de forma gentil.
Buck le reconnut : c'était le frère sauvage de tout à l'heure.
Buck o reconheceu — era o irmão selvagem de antes.
Le loup gris gémit doucement, et Buck répondit par un gémissement.
O lobo cinzento ganiu suavemente, e Buck respondeu com um ganido.
Ils se touchèrent le nez, tranquillement et sans menace ni peur.

Eles tocaram os narizes, silenciosamente e sem ameaça ou medo.

Ensuite est arrivé un loup plus âgé, maigre et marqué par de nombreuses batailles.

Em seguida veio um lobo mais velho, magro e marcado por muitas batalhas.

Buck commença à grogner, mais s'arrêta et renifla le nez du vieux loup.

Buck começou a rosnar, mas parou e cheirou o nariz do velho lobo.

Le vieux s'assit, leva le nez et hurla à la lune.

O velho sentou-se, levantou o nariz e uivou para a lua.

Le reste de la meute s'assit et se joignit au long hurlement.

O resto do bando sentou-se e juntou-se ao longo uivo.

Et maintenant, l'appel est venu à Buck, indubitable et fort.

E agora o chamado chegou a Buck, inconfundível e forte.

Il s'assit, leva la tête et hurla avec les autres.

Ele sentou-se, levantou a cabeça e uivou com os outros.

Lorsque les hurlements ont cessé, Buck est sorti de son abri rocheux.

Quando os uivos terminaram, Buck saiu de seu abrigo rochoso.

La meute se referma autour de lui, reniflant à la fois gentiment et avec prudence.

A matilha se fechou em volta dele, farejando-o com gentileza e cautela.

Les chefs ont alors poussé un cri et se sont précipités dans la forêt.

Então os líderes deram um grito e saíram correndo para a floresta.

Les autres loups suivirent, hurlant en chœur, sauvages et rapides dans la nuit.

Os outros lobos os seguiram, latindo em coro, selvagens e rápidos na noite.

Buck courait avec eux, à côté de son frère sauvage, hurlant en courant.

Buck correu com eles, ao lado de seu irmão selvagem, uivando enquanto corria.

Ici, l'histoire de Buck fait bien de se terminer.
Aqui, a história de Buck chega ao fim.
Dans les années qui suivirent, les Yeehats remarquèrent d'étranges loups.
Nos anos que se seguiram, os Yeehats notaram lobos estranhos.
Certains avaient du brun sur la tête et le museau, du blanc sur la poitrine.
Alguns tinham marrom na cabeça e no focinho e branco no peito.
Mais plus encore, ils craignaient une silhouette fantomatique parmi les loups.
Mas eles temiam ainda mais uma figura fantasmagórica entre os lobos.
Ils parlaient à voix basse du Chien Fantôme, chef de la meute.
Eles falavam em sussurros sobre o Cão Fantasma, líder da matilha.
Ce chien fantôme était plus rusé que le plus audacieux des chasseurs Yeehat.
Este Cão Fantasma tinha mais astúcia que o mais ousado caçador Yeehat.
Le chien fantôme a volé dans les camps en plein hiver et a déchiré leurs pièges.
O cão fantasma roubava dos acampamentos no inverno rigoroso e destruía suas armadilhas.
Le chien fantôme a tué leurs chiens et a échappé à leurs flèches sans laisser de trace.
O cão fantasma matou seus cães e escapou de suas flechas sem deixar rastros.
Même leurs guerriers les plus courageux craignaient d'affronter cet esprit sauvage.
Até mesmo seus guerreiros mais bravos temiam enfrentar esse espírito selvagem.

Non, l'histoire devient encore plus sombre à mesure que les années passent dans la nature.
Não, a história fica ainda mais sombria à medida que os anos passam na natureza.
Certains chasseurs disparaissent et ne reviennent jamais dans leurs camps éloignés.
Alguns caçadores desaparecem e nunca mais retornam aos seus acampamentos distantes.
D'autres sont retrouvés la gorge arrachée, tués dans la neige.
Outros são encontrados com a garganta aberta, mortos na neve.
Autour de leur corps se trouvent des traces plus grandes que celles que n'importe quel loup pourrait laisser.
Ao redor de seus corpos há pegadas — maiores do que qualquer lobo poderia deixar.
Chaque automne, les Yeehats suivent la piste de l'élan.
Todo outono, os Yeehats seguem a trilha dos alces.
Mais ils évitent une vallée avec la peur profondément gravée dans leur cœur.
Mas eles evitam um vale com medo gravado profundamente em seus corações.
Ils disent que la vallée a été choisie par l'Esprit du Mal pour y vivre.
Dizem que o vale foi escolhido pelo Espírito Maligno para ser seu lar.
Et quand l'histoire est racontée, certaines femmes pleurent près du feu.
E quando a história é contada, algumas mulheres choram perto do fogo.
Mais en été, un visiteur vient dans cette vallée tranquille et sacrée.
Mas no verão, um visitante chega àquele vale tranquilo e sagrado.
Les Yeehats ne le connaissent pas et ne peuvent pas le comprendre.
Os Yeehats não o conhecem, nem conseguem entendê-lo.

Le loup est un grand loup, revêtu de gloire, comme aucun autre de son espèce.
O lobo é grandioso, revestido de glória, como nenhum outro de sua espécie.
Lui seul traverse le bois vert et entre dans la clairière de la forêt.
Ele atravessa sozinho a floresta verde e entra na clareira da floresta.
Là, la poussière dorée des sacs en peau d'élan s'infiltre dans le sol.
Ali, o pó dourado dos sacos de couro de alce penetra no solo.
L'herbe et les vieilles feuilles ont caché le jaune du soleil.
A grama e as folhas velhas esconderam o amarelo do sol.
Ici, le loup se tient en silence, réfléchissant et se souvenant.
Aqui, o lobo fica em silêncio, pensando e lembrando.
Il hurle une fois, longuement et tristement, avant de se retourner pour partir.
Ele uiva uma vez — longo e triste — antes de se virar para ir embora.
Mais il n'est pas toujours seul au pays du froid et de la neige.
Mas ele nem sempre está sozinho na terra do frio e da neve.
Quand les longues nuits d'hiver descendent sur les basses vallées.
Quando longas noites de inverno descem sobre os vales mais baixos.
Quand les loups suivent le gibier à travers le clair de lune et le gel.
Quando os lobos seguem a caça através do luar e da geada.
Puis il court en tête du peloton, sautant haut et sauvagement.
Então ele corre na frente do bando, saltando alto e selvagem.
Sa silhouette domine les autres, sa gorge est animée par le chant.
Sua forma se eleva sobre as demais, sua garganta vibra com a canção.
C'est le chant du monde plus jeune, la voix de la meute.
É a canção do mundo mais jovem, a voz da matilha.

Il chante en courant, fort, libre et toujours sauvage.
Ele canta enquanto corre: forte, livre e eternamente selvagem.

www.ingramcontent.com/pod-product-compliance
Lightning Source LLC
Chambersburg PA
CBHW010029040426
42333CB00048B/2765